JN440365

60년 만의 귀향, 2박 3일의 기록

4·3으로 떠난 땅,
4·3으로 되밟다

4·3で離れた地、4·3で再び踏みしめる

초판 인쇄 2013년 3월 23일
초판 발행 2013년 3월 31일

지은이 글 문소연 / 사진 강정효
펴낸곳 도서출판 각
펴낸이 박경훈
등록번호 제80호
등록일 1999년 2월 13일
주소 제주특별자치도 제주시 건입동 89
전화 064-725-4410
팩스 064-759-4410
인쇄 화신문화

값 20,000원

ISBN 978-89-6208-086-5 03660

#. 이 책은 (사)제주민족예술인총연합의 **제20회 4·3문화예술축전 기념 기록사업**의 하나로 제작되었습니다.

60년 만의 귀향, 2박 3일의 기록

4·3으로 떠난 땅, 4·3으로 되밟다

4·3で離れた地、4·3で再び踏みしめる

글 문소연 / 사진 강정효

목차

프롤로그

"세월이 약이라지만 절대 그런 거 아닙니다. 정말 생각에서 잊히지 않는 겁니다. 그게 나고 자란 산천이고 혈육이고 4·3사건이죠."

—김진횡(77세, 17세 때 조천에서 일본으로 건너감) 씨의 말 중에서

4·3으로 고향을 떠난 사람들에게, 더구나 고향으로 돌아올 수 없었던 그들에게 '세월'은 약이 아니라 독이었다. 4·3으로 체한 기억은 강산이 몇 번씩 바뀌는 긴 세월 속에서도 '절대로' 옅어지지 않았다. 오히려 날이 가고 해가 갈수록 더 진해져 갔다. 그렇게 점점 깊어지는 4·3의 체증을 안은 채 60년을 살아야 했다.

그들이 제주에서 특별한 2박 3일을 보냈다. '4·3 60주년 기념사업추진위원회'에서 '초청'한 것이다.

4·3 60주년을 맞아 재일동포·일본인 4·3교류방문 사업을 마련한 '4·3 60주년 기념사업추진위원회'는 4·3으로 인해 고향을 등지고 일본에서 오랜 세월 살아온 재일동포들과 일본에서 4·3 진상규명운동을 해왔거나 지원해 온 사람들을 함께 초청했다.

더불어 도쿄·교토지역 재일동포 40명, 오사카지역 재일동포 44명, 일본인 60명 등 모두 144명이 제주를 방문했다.

4·3을 체험한 교포 1세, 4·3으로 유족이 된 교포 2·3세, 일본에서 4·3 진상규명운동을 해온 사람들, 4·3 운동을 지원하거나 4·3을 공부하는 일본인 등으로 구성된 '재일동포·일본인 4·3교류방문단'은 4월 2일부터 4일까지 2박 3일 동안, 60주년을 맞은 제주4·3의 '오늘'을 체험했다.

プロローグ

“歳月が薬だとは言うけれど、決してそうではありません。まったく頭から消えないのです。それが生まれ育った山や川であり、肉親であり、4·3なのです”

－金鎮フェンさん(77歳。17歳の時、朝天里から日本へ渡る)の言葉から－

4·3のために故郷を離れた人々にとって、しかも故郷に戻ることのできなかった彼らにとって、‘歳月’は薬ではなく、毒であった。4·3が喉にひっかかったままの記憶は、山や川の形が変わるほど長い歳月にも、‘決して’薄れることはなかった。むしろ、歳月を経るほど濃くなっていった。そうして徐々に深くなった4·3が、消化不良のまま60年を生きなければならなかった。

その彼らが、済州で特別な2泊3日を過ごした。‘4·3 60周年記念事業推進委員会’で‘招待’したのだ。

4·3事件60周年を迎え、在日同胞と日本人からなる4·3交流訪問事業を準備した‘4·3 60周年記念事業推進委員会’は、4·3のために故郷に背を向け、日本で長い歳月を生きてきた在日同胞と、日本で4·3事件真相究明運動を支えてきた人々を、一緒に‘招待’した。

東京、京都地域の在日同胞40名、大阪地域の在日同胞44名、日本人60名など、合わせて144名が済州を訪問した。

4·3を体験した在日1世、4·3のために遺族となった2、3世、日本で4·3事件の究明運動をしてきた人々、4·3の運動を支援したり、4·3について研究する日本人などにより構成された‘在日同胞・日本人4·3交流訪問団’は、4月2日から4日までの2泊3日間、60周年を迎える済州4·3の‘今’を体験した。

제주국제공항 입국장을 빠져나오는 방문단 일행
済州国際空港入国審査場から出る訪問団

행사 주관단체인 4·3도민연대의 환영 현수막 앞에서 기념 촬영하는 방문단 일행
行事主管団体である 4·3道民連帯の歓迎垂れ幕の前で記念撮影する訪問団

4월 2일, 드디어 제주땅을 밟다

(제주국제공항 도착 - 4·3평화공원 참배, 4·3평화기념관 관람 - 환영만찬회 - 4·3 전야제 참석)

제주국제공항 청사 국제선도착 대합실.
오전 11시 30분쯤 도착한 오사카방문단과 오후 1시쯤 도착한 도쿄방문단, 그들을 맞이하는 친인척들과 추진위원회 제주실행팀, 취재진 등으로 북적거렸다.

오사카방문단에는 유난히 할머니들의 모습이 눈에 많이 띄었다. 그도 그럴 것이 44명 가운데 25명이 4·3과 관련된 할머니들로 평균나이가 79세라고 했다. 살짝 굽은 등, 힘겨운 듯한 걸음걸이가 그들의 삶에 걸쳐진 '세월' 을 짐작케 했지만, 대부분 건강해 보이는 '멋쟁이 할머니' 의 모습이었다.

각종 국방부 직할부대 및 기관 단체에서 마련한 환영 현수막들
各種国防省直轄部隊及び機関団体で用意した歓迎垂れ幕

4月2日、ついに済州の地を踏む

(済州国際空港到着－4・3平和公園参拝、4・3平和記念館観覧－歓迎晩餐会－4・3前夜祭参席)

済州国際空港庁舎国際線到着ロビー
午前11時30分頃到着した大阪訪問団と、午後1時ごろ到着した東京訪問団、そして彼らを迎える親類や推進委員会の済州実行チーム、取材陣などで混雑していた。

大阪訪問団には、特にハルモニ(おばあさん)たちの姿が目立った。それもそのはずで、44名中25名が4・3に関わりを持つハルモニで、平均年齢が79歳だという。やや曲がった腰としんどそうな歩みが、彼らの人生に覆いかぶさった'歳月'を思わせたが、大抵は健康そうに見える'お洒落なハルモニ'の姿だった。

i 韓國觀光公社
GATE 4
KB

방문단이 대합실에서 담소를 나누고 있다.
訪問団が到着ロビーで談笑をしている。

제주공항 대합실에서 간단하게 진행된 결단식에서 조동현 단장(제주4·3을 생각하는 모임 회장)이 인사말을 하고 있다. 왼쪽부터 고이삼 부단장(신간사 대표), 오광현 씨

濟州國際空港廳舍到着ロビーで簡単に進行された決断式。濟州4·3を考える會に会長である曺東鉉さんが挨拶をしている。左から高二三副団長(新幹社代表)、吳光現さん。

예정 시간보다 일찍 도착하는 바람에 한 시간 넘게 다음 일정을 기다려야 했던 오사카방문단의 할머니들은 대합실 의자에 모여 앉아 서로 도란도란 이야기를 나누었다. 오랜만에 제주를 방문한 소감을 나누었겠지만 '일본말' 이어서 알아들을 수가 없었다.

한 할머니에게 말을 건넸더니, 얼른 못 알아듣겠다는 얼굴로 물었다.
"이녁[당신]은 일본사람이라, 한국사람이라, 제주사람이라?"
"제주사람입니다."
"아, 그러면 제주말로 합시다. 나 한국말 못해."

환영 꽃다발을 대표로 받는 조동현 단장
歓迎花束を代表として受けている曺東鉉団長

予定の時間より早く到着したため、1時間以上も次の日程を待たねばならなかった大阪訪問団のハルモニたちは、ロビーの椅子に座り、互いにむつまじくおしゃべりをしていた。久しぶりの済州訪問の感想を話していたのだろうが、'日本語' だったのでわからなかった。

あるハルモニに話しかけると、すぐには理解できないという表情で聞き返された。
"あんたは日本人なの、韓国人なの、済州の人なの？"
"済州の人間です"
"じゃあ済州の言葉にしよう。私は韓国語できないから"

이복숙 씨가 마중 나온 고민수 전 제주시장과 인사를 나누고 있다.
李福淑さんと高玟洙さん(前、済州市長)が挨拶している。

할머니의 '한국말' 은 '한국표준어' 를 일컫는 말이다.
제주말로 하자는 할머니의 말은 자꾸 도로 일본말이 되어버리곤 했다. 대부분의 할머니들이 그랬다.
할머니들은 "감개무량하다", "꿈같다" 는 말로 '4·3으로 떠났다가 4·3으로 되밟은 제주땅에서의 첫발' 에 대한 소감을 전했다.

오사카방문단으로 온 몇 안 되는 남자(전체 44명 가운데 남자는 9명이었다.) 가운데 한 명인 강실(재일본 4·3유족회장) 씨가 대합실 의자에 모여 앉은 할머니들에게 말했다.
"기자들이 4·3사건 때 얘기 물으면 얘기해주십서. 괜찮으니까."
대뜸 날아오는 한 할머니의 목소리.

고이삼 부단장이 일정에 대해 간략하게 소개하고 있다.
高二三副団長が日程について簡単に説明している。

ハルモニの'韓国語'は'韓国標準語'を意味している。済州の言葉で話そうと言ったハルモニの言葉は、しょっちゅう日本語に戻ったりした。ほとんどのハルモニたちがそうだった。
ハルモニたちは、"感無量だ"、"夢みたいだ"という言葉で、'4·3で離れた地を4·3で再び踏みしめた済州での第一歩'について感想を述べた。

大阪訪問団の数少ない男性(全体の44名のうち、男性は9名だった)のひとりである康実さん(在日本4·3遺族会)が、ロビーに座っているハルモニたちに話しかけた。
"記者が4·3事件の時の話を聞いたら、話してあげてください。大丈夫ですから"
すぐに飛んでくるハルモニたちの声。

고향 가는 길, 몸은 불편하더라도 마음은 들떠 있다.
故郷に行く道。体は不自由だが心は浮き立っている。

"아이고, 경허당(그러다) 잡혀가면 어떵해."
'농담' 이라 생각하고 웃었지만, 이어지는 강실 씨의 "이젠 다 말해도 정말 괜찮아마씀."이라는 소리에 마음이 복잡해졌다.
'진담' 이었나 싶어서.
"잡혀가면 어떡해!"
진담이어도 아프고 농담이어도 아픈, 참 기막힌 역사의 소리다.

모두들 고향방문에 설레는 표정이 역력하다.
皆、故郷訪問にときめく表情がありありと見える。

“アイゴー、そんなことして捕まったらどうするの”
‘冗談’かと思い笑ったけれども、続く康実さんの“もう全部話しても、本当に大丈夫です”という言葉に、複雑な思いがした。
‘本気’だったのだろうか。
“捕まったらどうするの!”
本気だとしてもつらく、冗談だとしてもつらい、まったくやりきれない歴史の声だ。

마중 나온 조카의 손을 놓지 못하는 이복숙 씨
出迎えにきた姪の手を放せない李福淑さん

취재진들의 카메라 플래시를 가장 많이 받은 사람은 4·3을 다룬 소설 〈화산도〉로 유명한 재일동포 작가 김석범 씨와 4·3 때문에 제주를 떠난 뒤 처음으로 고향을 방문했다는 김동일 씨다.

이번 4·3교류방문의 소감을 묻는 기자들에게 김석범 씨는 이렇게 말했다.
"꿈같은 일입니다. 젊은 친구들은 모를 겁니다."
오늘이 오기까지 '4·3'이 겪은 그동안의 과정이 함축된 말일 터이다.

입국장을 빠져나오는 소설가 김석범 선생
入国審査場を出る小説家金石範先生

取材陣のカメラのフラッシュを一番たくさん浴びた人は、4·3を扱った小説〈火山島〉で知られる在日の作家金石範さんと、4·3のために済州を離れた後、初めて故郷を訪ねたという金東日さんだ。

今回の4·3交流訪問の感想を尋ねる記者たちに、金石範さんはこう答えた。
"夢のようなことです。若い人にはわからないでしょう"
今日を迎えるまでに'4·3'が経てきた過程を込めた言葉であろう。

장거리택시승차장
세화, 성산, 표선, 남원, 서귀
중문, 안덕, 대정, 고산, 협재

공항 대합실을 나와 버스로 향하는 방문단
空港到着ロビーを出てバスのほうに向かう訪問団

강실 일본 4·3유족회장이 일행들과 이야기를 나누고 있다.
康實さん(在日本4·3遺族會 会長)が一行と話をしている。

김석범 씨는 1988년 일본에서 김민주, 현광수 씨 등과 함께 주축이 되어 '제주 4·3을 생각하는 모임(탐라연구회)' 을 결성하는 등 일본에서 4·3 진실규명을 위해 끊임없이 활동해 왔다.
(김석범: 1925년 일본 오사카에서 제주도 삼양동 출신 부모 아래 출생 / 1951년 교토대 문학부 졸업 / 평론지 편집자, 민족운동가, 조선신보 기자 등으로 활동 / 1976~97년 '분가쿠카이(文學界)' 에 '화산도' 연재 / 1983년 연재 중 아사히신문 '오사라기 지로(大佛次郎) 상' 수상 / 1998년 연재 완료 후 마이니치신문 마이니치예술상 수상 / 2005년 생애 첫 작품집(상, 하) 발간, 문학지 '스바루' 에 화산도 후속편 연재 중)

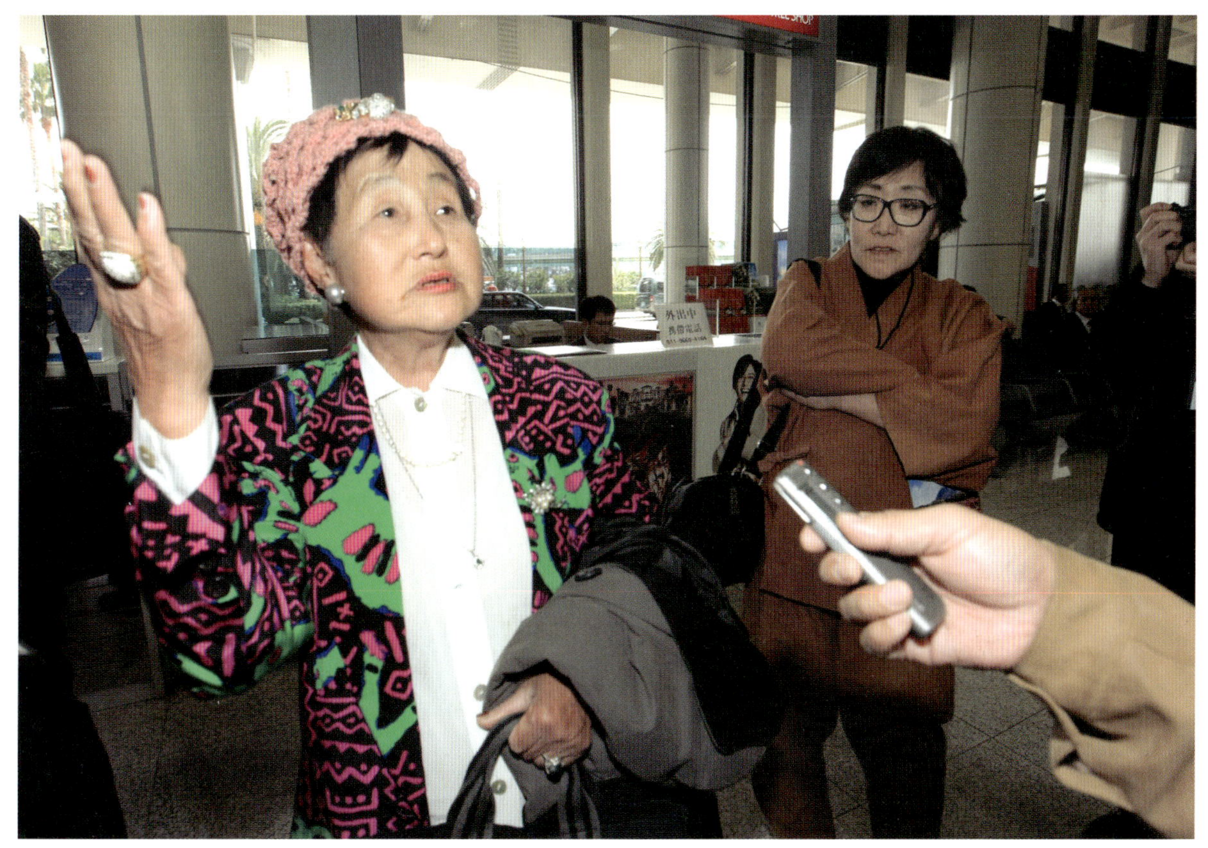

일본 NHK 취재진과 함께 고향을 찾은 김동일 씨가 이곳 기자들이 인터뷰에 응하고 있다.
日本NHK取材陣とともに故郷を尋ねた金東日さんがここの記者たちのインタビューに応じている。

金石範さんは1988年、日本で金民柱、玄光洙さんらと共に '済州4·3を考える会(耽羅研究会)' を結成するなど、日本で4·3の真相究明のために根気強く活動してきた。

(金石範：1925年、大阪で済州島三陽洞出身の両親の下に生まれる / 1951年、京都大文学部卒業 / 評論誌の編集者、民族運動家、朝鮮新報記者として活動 / 1976-97年、『文学界』に '火山島' を連載 / 1983年、連載中に朝日新聞 '大佛次郎賞' 受賞 / 1998年、連載完了後、毎日新聞毎日芸術賞受賞 / 2005年、初の作品集(上、下巻)発刊。文学誌『すばる』に火山島の続編を連載中)

버스 안에서 상념에 젖은 방문단

バスの中、複雑な心境を表す訪問団

4·3사건 무렵 연락원으로 활동했던 김동일 씨 역시 도쿄방문단으로 들어왔다. 당시 열여섯 소녀였던 그는 일흔일곱 할머니가 되어 있었다. 일본 NHK 4c3특집방송 촬영 때문에 방문단보다 이틀 앞당겨 제주에 들어왔다는 김동일 씨는 흥분을 감추지 못했다.

"그 당시는 노래 부른 것과 같이 자기는 조국과 인민을 위해서 피 한 방울이라도 아끼지 않고 싸우겠다는 마음을 가졌으니까 해진 거지. 총알이 이리저리 내려오더라도. 안 그래? 자기가 이것은 정의와 인도에 맞은 정정당당한 일이라고 해서 한 거지, 그렇지 않으면 해지나…. 어제 평화공원 위령탑 앞에 가서 통곡하고 왔어요. 개죽음 아니라고, 거룩한 죽음이라고 막 외치고 왔어요. 선배들 피 영원히, 영원히 빛나고 있다고 그렇게 외치고 왔어요. 지금 기분 최고예요. 죽어도 원 없어요."

오후 1시 30분, 방문단 일행은 대합실에서 간단하게 결단식을 치르고 청사를 빠져나와 대형버스 네 대에 나눠 탔다. 그리고 버스 안에 앉아 도시락으로 점심식사를 한 뒤, 제주시 봉개동에 있는 '제주4·3평화공원' 으로 향했다.

4·3평화공원으로 향하는 버스 안에서 모두들 말없이 차창 밖으로 펼쳐진 고향의 들녘을 응시하고 있다.
済州4·3平和公園に向かうバスの中、皆、黙黙と車窓の外に広がる故郷の風景を見つめている。

連載中）

4·3事件当時、連絡員として活動していた金東日さんも、やはり東京訪問団としてやって来た。当時16歳の少女だった彼女は、77歳のハルモニになっていた。NHKの4·3特集放送の撮影のため、訪問団より2日早く済州に来たという金東日さんは、興奮を隠せなかった。

“当時は歌と同じく、自分は祖国と人民のために血の一滴も惜しまず闘うという気持ちだったからできたのよ。銃弾があちこちから飛んできても。そうでしょ？自分が、これは正義と人道に適った正々堂々としたことだと思ってしたのよ。そうでなければできるわけが、、、。昨日、平和公園の慰霊塔の前で大泣きしてきたの。犬死にじゃないって。立派な死だって叫んできたわ。今の気分は最高よ。死んでも悔いはないわ”

午後1時30分、訪問団一向はロビーで簡単な結団式を行い、庁舎から出て大型バス4台に分かれて乗車した。そしてバスの中に座り弁当で昼食をとった後、済州市奉蓋洞にある‘済州4·3平和公園’へ向かった。

드디어 4·3평화공원 도착

いよいよ 済州4·3平和公園到着

평화공원에서 만난 4·3

방문단 일행이 도착한 오후 3시의 제주4·3평화공원은, 4·3 60주년 행사 때문에 부산한 분위기였다. 공원 입구에서 검은 옷을 입고 두건을 쓴 4·3유족회 회원들이 주축이 되어 해원방사탑 건립 제막식을 치르고 있었다.

일행은 버스에서 내려 공원 안으로 들어서며 옷깃을 여몄다. 공원이 자리 잡은 한라산 중턱의 쌀쌀한 기운 때문만은 아닌 듯했다. 일행의 표정이 하나같이 다 엄숙했다. 특히 4·3사건을 체험한 재일동포 1세들의 표정은 비장한 빛이 역력해 선뜻 말을 붙일 수가 없었다.

4·3평화공원 참배에 앞서 도쿄, 교토, 오사카 방문단이 각각 마련한 조화를 올리고 있다.
4·3平和公園での参拝の前、東京, 京都, 大阪訪問団それぞれが用意した花を献っている。

平和公園で出会った4·3

訪問団の一行が到着した午後3時の済州4·3平和公園は、4·3 60周年行事のためにあわただしい雰囲気だった。公園入口では、黒い服を着て麻の頭巾をかぶった4·3遺族会の会員が中心となって、'解怨防邪塔'建立の除幕式を行っていた。

一行はバスから降り、公園の中に入ると、襟を正した。公園のある漢拏山中腹の冷たい空気のためだけではないようだった。一行の表情は、一様に厳粛なものとなった。特に4·3事件を体験した在日1世らの表情には、悲壮な光がありありと浮かび、言葉をかけることができなかった。

4·3위령제단에 헌화 분향하는 조동현 단장(왼쪽)과 강실 회장

4·3慰霊祭壇に献花焚香している曺東鉉団長(左)と康實会長

4·3희생자 위령제단 주변 역시 위령제 행사를 준비하느라 분주했다.
일행은 제단 앞에 향을 피워 올리고 고개를 숙였다.

60년 만에 마주한 4·3영령.
무슨 말을 할 수 있을 것인가?
바람이 불었다.
바람은 숨죽여 우는 백발의 재일동포들 주변을 자꾸 맴돌았다.

김석범 고문(왼쪽)과 김민주 씨가 분향하고 있다.
金石範顧問(左)と金民柱さんが焚香している。

4·3犠牲者の慰霊祭壇のまわりもやはり、慰霊祭行事の準備のためにあわただしかった。一行は祭壇の前で線香をたき、頭を垂れた。

60年ぶりに対面した4·3の英霊。
どんな言葉をかけられるというのか？
風が吹いた。
風は、息を殺して泣く白髪の在日同胞らのまわりを、しきりにまわっていた。

60년 만의 묵념
60年ぶりの黙祷

위패 앞에서 무슨 말이 필요할까.
位牌の前で何の言葉が必要だろう。

참배를 마친 일행은 희생자들의 위패를 모셔놓은 위패봉안소 안으로 들어섰다. 그리고 넋이 나간 듯한 얼굴로 위패들에 새겨진 1만 3,564명의 이름을 아프게 눈에 담았다.

마을이름 뒤로 수십 명에서 수백 명씩 이어지는 마을사람들 이름.
재일동포들은 저마다 고향마을 이름을 찾아 위패 앞에 섰다.
친인척 이름이 있어 흐느끼고, 찾는 이름이 없어서 흐느꼈다.
일행 가운데 몇몇이 종이학을 곱게 접어 위패들 앞에 놓고 두 손을 모으며 눈물지었다.

가족, 친지의 이름을 찾는 유족들

家族, 親戚の名前をさがす遺族たち

参拝を終えた一行は、犠牲者らの位牌を奉った位牌奉安所の中に入った。そして魂の抜けたような表情で、位牌に刻まれた1万3,564名の名を、痛いほど目に焼き付けた。

各村の名前の後に、数十人から数百人ずつ続く村人の名前。
在日同胞らは自分の故郷の村の名前を探し、位牌の前に立った。
親類の名前を見つけすすり泣き、探している名前が見つからず、すすり泣く。
一行のうちの数名が折鶴をきれいに折って、位牌の前に置き、合掌して涙を流した。

다시 찾기 쉽지 않기에 일본에 있는 가족에게 보여주기 위해 사진으로 남기는 유족

いつまたこられるだろう。日本にいる家族に見せるため写真をとっている遺族

위패봉안소를 나온 일행은 커다란 그릇 모양으로 지어진 4·3평화기념관 안으로 들어갔다.
그리고 전시 중인 강요배 화백의 4·3 역사화와 탐라사진가협의회의 4·3 사진을 감상하고, 4·3사료관을 둘러보았다.

이복숙

4·3 희생자 유해 발굴 과정을 담아낸 4·3 사진전을 둘러보던 오사카방문단의 신촌 출신 이복숙 씨는 옛 정뜨르비행장 터에서 발굴된 유해들의 사진 앞에 한참을 서 있었다. 자신의 오빠가 그곳에서 희생됐다고 했다.
이복숙 씨는 4·3으로 오빠만 잃은 게 아니다. 일가족 26명을 한꺼번에 잃었다.
이복숙 씨는 무장대 총사령관 이덕구의 조카딸이었다.

하도리가 제 고향마을입니다.
下道里が私の故郷です。

位牌奉安所を出た一行は、大きな器の形をした4·3平和記念館の中に入っていった。
そして展示中の姜堯培画伯の4·3歴史画と、耽羅写真家協議会の4·3写真を鑑賞し、4·3資料館をまわった。

李福淑

4·3犠牲者遺骸発掘の過程を収めた4·3写真展を見ていた大阪訪問団の新村里出身の李福淑さんは、昔のチョントゥル飛行場跡から発掘された遺骸の写真の前に、しばらく立っていた。自分の兄が、そこで犠牲になったという。
李福淑さんは4·3で兄を失くしただけではない。一族26人を一度に失った。
李福淑さんは、武装隊の総司令官李徳九の姪であった。

4·3 당시 희생된 가족들의 이름이 새겨진 위패를 가리키는 김동일 씨

4·3 当時、犠牲された家族たちの名前が刻まれた位牌を指している金東日さん。

이복숙 씨의 일가족 26명은 이덕구를 아들로, 조카로, 형제로, 남편으로, 삼촌으로 뒀다는 이유로 몰살당했다.
경찰의 총구는 어린아이들에게도 가차 없이 불을 뿜었다. 이복숙 씨의 일곱 살짜리 사촌동생도, 초등학교에 다니던 사촌오빠도 총살당했다. 이복숙 씨의 작은어머니와 외숙모는 두 살짜리 아기를 업은 채로 구덩이에 파묻혔다.
당시 열두 살 소녀였던 이복숙 씨는 경찰서 앞에서 악에 받쳐 소리 지르다 경찰에 쫓겨 몇 번이나 죽을 고비를 넘겼다.
더 이상 제주땅에서는 살 수 없었다.
살아남기 위해 밀항선을 탔지만 비바람마저 그를 방해해 네 번이나 되돌아와야 했다.
1956년, 다섯 번째 탄 밀항선으로 가까스로 일본에 닿았다. 그러나 밀항을 단속하는 일본경찰들에게 끌려가 오무라수용소에 수감되었다.

가족의 이름이 새겨진 위패에서 손을 떼지 못하는 방문단

家族の名前が刻まれた位牌で手をはなせない訪問団

李福淑さんの一族26人は、李徳九を息子に、甥に、兄弟に、夫に、叔父に持ったという理由だけで、皆殺しにされた。
警察の銃口は、幼い子供たちにも容赦なく火を吐いた。李福淑さんの7歳になるいとこも、小学校に通っていたいとこの兄さんも銃殺された。李福淑さんの父親の弟の妻と、母方の叔母は、2歳の赤ん坊をおぶったまま穴の中に埋められた。
当時12歳の少女だった李福淑さんは、警察署の前で怒りのあまり叫び声をあげ、警察に追われ何度も死にそうになった。
これ以上、済州にいることはできなかった。
生き延びるために密航船に乗るが、風雨までが彼女の邪魔をし、4回も戻らねばならなかった。
1956年、5回目に乗った密航船で、どうにか日本に着いた。しかし、密航を取り締まる日本の警察に捕まり、大村収容所に収監された。

위패를 응시하는 유족

位牌を見つめている遺族

당시 4·3 관련 기사를 쓰던 일본기자의 도움으로 풀려났지만, 누가 잡으러 올까 무서운 '4·3 공포의 굴레' 에서 벗어날 수 없었다. 이복숙 씨는 50년 넘는 세월 동안 4·3은 물론 '제주' 와 관련된 모든 말에 입을 닫은 채 살았다.

그가 여러 사람 앞에서 4·3에 대해 처음으로 입을 연 것은 3월 23일, 일본 오사카의 '4·3을 생각하는 모임' 에서 마련한 4·3 증언회 자리에서였다.

그리고 오사카방문단으로 제주땅을 밟아 60주년을 맞은 4·3 앞에 선 것이다.

저기 모셔져 있군요.
あそこに安置されてますね。

当時、4·3関連の記事を書いていた日本人記者の助けで釈放されたが、誰かが捕まえに来るのではないかと恐れる '4·3の恐怖の楔' から逃れられなかった。李福淑さんは、50年を超える歳月の間、4·3はもちろん、'済州' と関連するあらゆる言葉に口を閉ざしたまま生きてきた。

彼女が人々の前で4·3について初めて口を開いたのは、ついこの前の3月23日、大阪の '4·3を考える会' で主催した4·3証言集会の席だった。

そして大阪訪問団として済州の地を踏み、60周年を迎えた4·3の前に立ったのである。

4·3평화공원 위패봉안소에서 한 참가자가 방명록에 소감을 적고 있다. 4·3 때 목숨을 잃은 친구의 영면을 기원하는 한편, 미국의 책임을 촉구하고 있다.

4·3平和公園 位牌奉安所である参加者が芳名録に何かを書いている。4·3の際、命を失った友の永眠を祈る一方, アメリカにその責任を求めている。

4·3교류방문단이 4·3평화기념관에서 만난 '4·3'

재일동포들은 두말할 것도 없고, 일본인들의 관심도 대단했다. 방문단 일행은 서로 묻고 대답해가며 기념관 안에 담긴 4·3 속으로 빠져들었다. 사료관을 둘러보던 일본인 방문단 일행은 일본어 설명이 없어 답답한 눈치면서도 시종일관 진지한 눈빛을 놓지 않았다.

다음 일정 때문에 서둘러 기념관을 나온 방문단 일행은 버스에 올랐다. 시간은 벌써 오후 4시를 넘어서 있었다.

4·3사료관 전시물을 둘러보는 방문단
4·3史料館の展示物を見回す訪問団

4·3交流訪問団が、4·3平和記念館で出会った'4·3'

在日同胞は言うまでもなく、日本人の関心も大きかった。訪問団一行は互いに質問し、応えながら、記念館の中に収められた4·3の中に引き込まれていった。資料館を巡っていた日本人訪問団の一行は、日本語の説明がなくもどかしい様子だったが、終始一貫して真剣な視線をそらさなかった。

次の予定のため、急いで記念館を出た訪問団一行は、バスに乗った。時間は、すでに午後4時を過ぎていた。

옛 정뜨르비행장

4·3기념관에 전시 중인 탐라사진가협의회의 유해발굴 사진을 보면서 말을 잊은 방문단
4·3記念館で展示中の耽羅写真家協議会の遺骸発掘写真を見ながら言葉を忘れた訪問団

강요배 화백의 4·3역사화 ‘동백꽃 지다’ 관람

姜堯培畵伯の4·3歴史画＜椿の花が落ちる＞観覧

오사카방문단을 실은 4호 버스 안.
“삼다도라 제주에는 아가씨도 많은데~.”
긴장이 풀린 것일까. 누가 참 고운 목소리로 노래를 불렀다.
일흔두 살의 김옥환 씨다.
노랫소리는 구슬프면서도 편안했다. 노래가 끝나자 박수가 터졌다.

4·3기념관 내부

4·3記念館内部

大阪訪問団を乗せた4号車の中。
“三多島　済州には娘さんも多いけどー”
緊張が解けたのか、誰かがきれいな声で歌を歌った。
72歳になる金玉煥さんだ。
歌声はもの悲しいが、心地良いものだった。歌が終わると拍手が響いた。

재일교포이자 서울대 대학원 유학 당시 '재일교포학생학원침투간첩단사건'으로 옥고를 치른 서승 일본 리츠메이칸 대학 법학과 특임교수가 국민의례를 하고 있다.

徐勝教授(立命館大学法学科特任教授)が国民儀礼をしている。彼は在日韓国人で、ソウル大学大学院留学当時 '在日僑胞学生學園浸透間諜團事件' で獄苦を経験した。

4·3교류방문단 환영만찬회

오후 5시 30분 라마다호텔 연회장.
〈재일동포 · 일본인 · 4·3교류방문단〉 환영만찬회가 열렸다.

4·3 60주년 기념사업 추진위원회 집행위원장 양동윤 씨가 이번 4·3교류방문사업의 취지를 소개했다. 그리고 "4·3의 역사적 진실에 사실감을 불어넣고 현재진행형인 4·3의 해법을 적극적으로 모색하며 4·3의 국제적 연대를 확고히 하고 동아시아에서 평화와 인권의 가치를 실현하는 4·3의 역사적 위치를 가늠하는 좋은 기회가 될 것"이라는, 이번 교류방문사업에 거는 추진위원회의 기대를 전했다.

라마다호텔 연회장에서 열린 환영만찬

ラマダホテル宴会場で開かれた歓迎晩餐

4·3交流訪問団 歓迎晩餐会

午後5時30分、ラマダホテル宴会場。
〈在日同胞・日本人 4·3交流訪問団〉歓迎晩餐会が開かれた。

4·3 60周年記念事業推進委員会執行委員長の梁東允さんが、今回の4·3交流訪問事業の趣旨を紹介した。そして、"4·3の歴史的真実に実感を与え、現在進行形の4·3の解法を積極的に模索し、4·3の国際的連帯を確固とし、東アジアにおいて平和と人権の価値を実現する4·3の歴史的位置を見定める良い機会になるだろう"と、今回の交流訪問事業にかける推進委員会の期待を伝えた。

조동현 단장
曺東鉉團長

김민주 씨가 합장하며 인사하고 있다.
金民柱さんが手を合わせながら挨拶をしている。

환영사를 듣는 방문단

이어 추진위원회 상임공동대표 임문철 신부의 환영사가 있었다. 그는 4·3특별법 제정, 진상보고서 발간, 대통령 사과, 4·3 평화공원 조성 등으로 이어진 그동안의 과정에 대한 소감을 전하고, 60주년을 맞는 해에 이념의 굴레를 또다시 들고 나오는 사람들이 있어 서글픔이 밀려온다고 했다. 그러나 "역사의 수레바퀴는 뒤로 돌릴 수 없다고 믿는다. 여기 계신 분들 도움으로 4·3이 여기까지 왔다. 장애는 있지만 물러설 수는 없다."라며 특별한 관심으로 지켜봐줄 것을 부탁했다. 그리고 "여러분을 모실 수 있어서 기쁘다. 아직도 서글픔이 다 가시지 않았지만 이번 방문을 계기로 여러분 아픔이 가시기를 간절히 바란다. 지금까지 도와준 것처럼 여러분과 저희들이 손을 맞잡고 평화와 진실의 노를 저어 나아가자."라고 했다.

그리고 김태환 제주특별자치도지사 대신 참석한 이상범 행정부지사가 "여러분을 환영하고 존경한다. 10년 전에만 비해도 격세지감이 들 정도로 4·3이 정립되어 가고 있다. 제주가 평화 인권의 섬으로 다시 태어나고 있다. 보수에 대한 우려, 염려 마라. 정부의 입장은 변함없다."라는 환영사를 전했다.

재일본 4·3유족회 회장 강실 씨는 답사를 통해 "김석범·김민주·고이삼 씨 등 시퍼런 시대에 일본에서 4·3 40주년 행사를 시작한 사람들과 양동윤·임문철 씨 등 제주에서 4·3진상 규명 운동에 앞장서온 사람들의 용기 덕분에 여기까지 왔다."라며 소감을 전했다.

4·3 당시 희생된 영령에 대한 묵념
4·3当時犠牲になった英霊に対し黙祷

続いて、推進委員会常任共同代表の林文哲神父の歓迎の言葉があった。彼は、4·3特別法制定、真相報告書発刊、大統領の謝罪、4·3平和公園建造などと続く、その間の過程について感想を述べ、60周年を迎える年に、理念の楔を再び持ち出してくる人々がいて、やりきれない思いが押し寄せてくると語った。しかし、"歴史の歯車は、後戻りできないと信じている。ここにいらっしゃる方々の力で、4·3がここまで来た。障害はあるが、取り消すことはできない"と述べ、格別の関心を持って見守ってくれるように頼んだ。そして、"皆さんをお迎えできて嬉しいです。まだ悲しみがすべて癒えてはいませんが、今回の訪問を契機に、皆さんの痛みが癒えることを切に願います。これまで力を貸してくれたように、皆さんと私たちで手を合わせて、平和と真実の櫓を漕いでゆきましょう"と述べた。

そして金泰煥済州特別自治道知事の代理で参席した李相福行政副知事が、"皆様を歓迎し、尊敬申し上げます。10年前に比べて、隔世の感がするほど4·3が定立されつつある。済州が、平和と人権の島として生まれ変わりつつある。保守勢力に対する憂慮、ご心配なく。政府の立場に変わりはありません"と歓迎の言葉を述べた。

在日本遺族会会長の康実さんは、答辞を通して、"金石範、金民柱、高二三さんなど、早い時期に日本で4·3事件40周年行事を始めた人たちと、梁東允、林文哲さんなど、済州で4·3の真相究明運動の先頭に立ってきた人たちの勇気のおかげで、ここまで来れた"と感想を述べた。

묵념

默祷

도쿄 · 교토지역 방문단장이자 '4·3을 생각하는 모임' 회장인 조동현 씨는 이번 행사의 방문단에는 "재일동포뿐만 아니라, 동아시아의 과거사 문제나 재일 한국인 · 조선인의 권리획득운동을 해온 시민단체의 회원들 그리고 일본에서 4·3과 관련된 출판과 보도에 종사해온 편집자 · 언론인 등으로 구성되어 있다."라고 소개했다.

그는 "일본에서의 4·3운동은 4·3 40주년 추도집회를 계기로 결성된 '4·3을 생각하는 모임'을 중심으로 1988년 이후 거의 매년 4·3추도집회, 강연회, 문화공연 등을 개최해왔다. 한반도에서조차 금기시되어 온 4·3운동을 일본에서 펼쳐나간다는 게 결코 쉬운 일이 아니었다. 민단 및 총련, 한국정보기관의 방해 등 많은 우여곡절이 있었지만 20여 년 동안 지속적인 활동을 할 수 있었던 것은 지금까지 함께해 온 평화를 사랑하는 양심적인 일본인 벗들 덕분이다. 이들은 제주4·3을 일본에서 널리 알리는 데 힘써온 공로자들이다."라고 했다.

그리고 "일본에서 한두 달에 한 번 4·3연구의 동향이나 진상규명의 단계에 관해 학습하면서 여기까지 왔다."라며, "지금 일본 NHK방송과 아사히신문에서 4·3 60주년을 취재 중이다. 4·3이 이렇게 변화하고 있다."라고 4·3 60주년을 맞은 소감을 전했다.

라마다호텔 연회장에서 열린 환영만찬회에서 참가자들이 기념사업 추진위원회 상임공동대표인 임문철 신부의 환영사를 듣고 있다.
ラマダホテル宴会場で開かれた歓迎晩餐会。参加者たちは記念事業推進委員会 常任共同代表である林文哲神父の歓迎詞を聞いている。

東京・京都地域訪問団長であり、'4·3を考える会' 会長の曺東鉉さんは、本行事の訪問団が、"在日同胞だけでなく、東アジアの歴史問題や在日韓国・朝鮮人の権利獲得運動をしてきた市民団体の会員、そして日本で4·3に関連する出版と報道に従事する編集者・言論人などから成っています"と紹介した。

彼は、"日本における4·3運動は、4·3事件40周年の追悼集会を契機に結成された'4·3を考える会' を中心に、1988年以後、ほとんど毎年4·3追悼集会、講演会、文化公演などを開催してきた。韓半島でさえタブーとされた4·3運動を日本で展開していくのは、決して簡単なことではなかった。民団および総連、韓国の情報機関の妨害など、多くの紆余曲折があったが、20余年間活動を続けることができたのは、これまで共にしてきた平和を愛する良心的な日本の友人らのおかげだ。彼らは、済州4·3を日本で広く知らせるのに力を貸してくれた功労者だ"と述べた。

そして、"日本で1、2ヶ月に1回、4·3研究の動向や真相究明の段階について学習してここに来た"、"今、NHK放送と朝日新聞で4·3事件60周年を取材中だ。4·3がこんなふうに変化している"と4·3事件60周年を迎えた感想を伝えた。

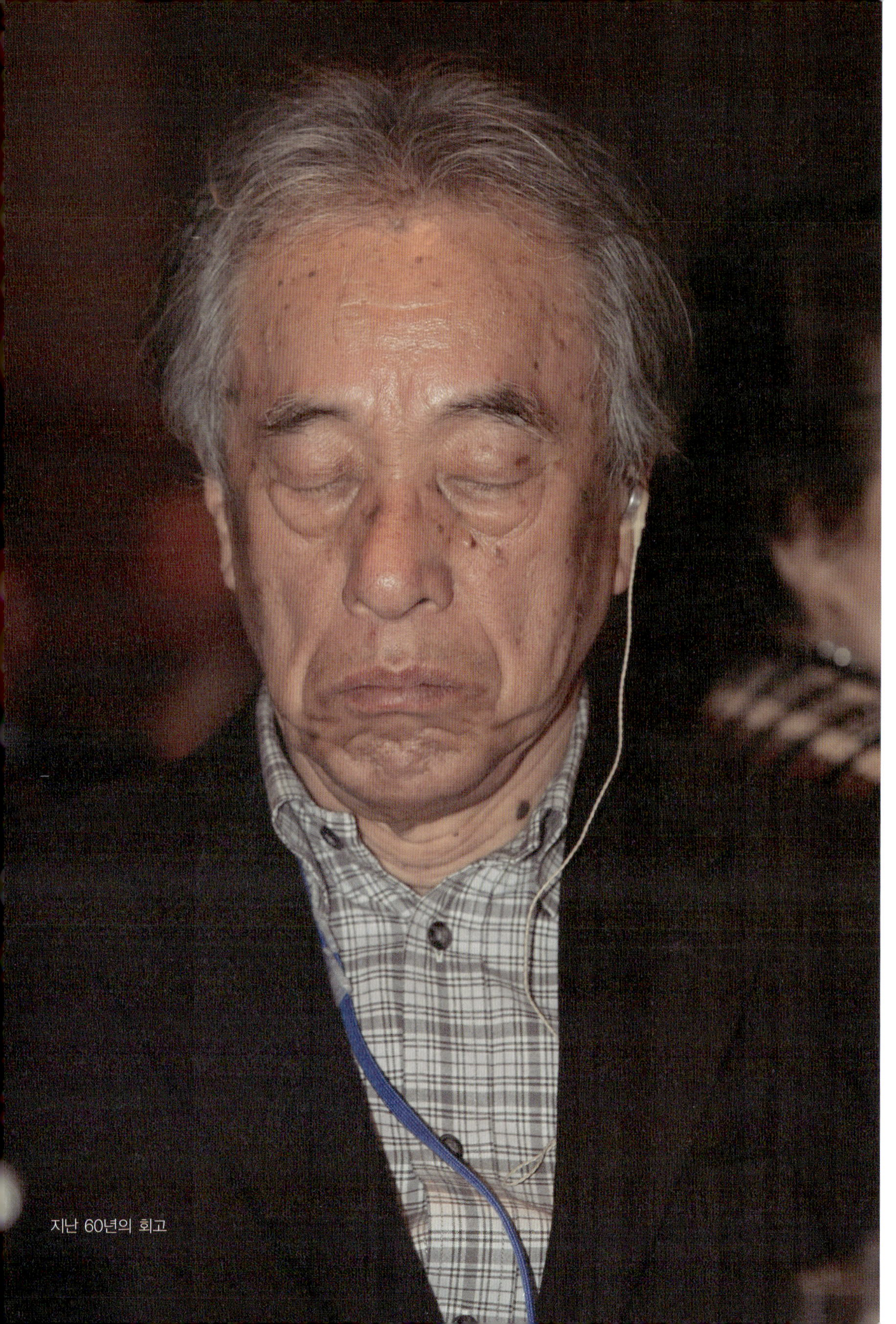

상념에 젖은 김석범 선생
複雑な心境でいる金石範先生

희망,
저어 평화의 바다로
2008 4·3 60주년
진실의 노를 저어
평화의 바다로
한국악기

'60년의 기억, 60년의 희망, 진실의 노를 저어 평화의 바다로' 라는 캐치프레이즈를 내건 4·3 60주년의 기념사업의 전야제
'60年の記憶、60年の希望、眞實の櫓を漕ぎ、平和の海へ' というキャッチフレーズを付けた4·3 60周年記念前夜祭

제주특별자치도와 제주4·3 60주년 기념사업추진위원회가 주최하고, (사)한국민족예술총연합회 제주도지회가 주관하는 '4·3 60주년 기념 전야제'를 지켜보는 방문단들. 행사를 주관한 제주민예총의 제15회 4·3문화예술 축전의 캐치프레이즈는 '기억 60년! 불어라, 해원상생의 꽃바람' 이다.

濟州4·3 60周年記念前夜祭(主催：濟州特別自治道、濟州4·3 60周年記念事業推進委員會。主管：(社)韓國民族芸術人總連合會濟州道支會)に参席した訪問団。行事を主管した済州民芸総の第15回 4·3文化芸術祝典のキャッチフレーズは '記憶 60年! 記憶60年! 吹け、解怨共生の花嵐'

4·3 문화예술축전 전야제에서 만난 4·3

환영만찬회를 마친 방문단 일행은 제주시청으로 향했다. 시청 앞에 마련된 4·3 주 행사장에서 저녁 6시 30분부터 열리고 있는 '4·3 60주년 기념 전야제' 에 참석하기 위해서다.

제주특별자치도와 제주4·3 60주년 기념사업추진위원회가 주최하고, (사)한국민족예술총연합회 제주도지회가 주관하는 '4·3 60주년 기념 전야제' 의 무대.
4·3 60주년 기념사업의 캐치프레이즈인 "60년의 기억, 60년의 희망, 진실의 노를 저어 평화의 바다로" 와 제15회 4·3문화예술 축전의 캐치프레이즈인 "기억 60년! 불어라, 해원상생의 꽃바람" 이 나란히 그 뜻을 전하고 있었다.

저녁 8시. 충청북도 지정 전문예술단체인 풍물굿패 '씨알누리' 의 공연이 펼쳐졌다.
객석 가운데 자리 잡은 방문단 일행은 풍물가락이 흥겨운 듯 장단을 맞추며 즐거운 표정으로 공연을 감상했다.

전야제 공연을 지켜보는 방문단

前夜祭公演を観覧している訪問団

4·3文化芸術祝典 前夜祭で出会った4·3

歓迎の晩餐会を終えた訪問団一行は、済州市庁に向かった。市庁前にあつらえられた4·3行事のメイン・ステージで、夕方6時30分から開かれている'4·3 60周年記念前夜祭'に参席するためだ。

済州特別自治道と済州4·3 60周年記念事業推進委員会が主催し、(社)韓国民族芸術総連合会済州道支会が主管する'4·3 60周年記念前夜祭'のステージ。

4·3 60周年記念事業のキャッチ・フレーズである"60年の記憶、60年の希望、真実の櫓を漕ぎ、平和の海へ"と、第15回 4·3文化芸術祝典のキャッチ・フレーズである"記憶60年！吹け、解怨共生の花嵐"が、並んでその意味を伝えていた。

夜8時。忠清北道指定専門芸術団体であるプンムルクッペ'シアルヌリ'の公演が始まった。客席に座った訪問団一行は、プンムルにのってリズムをとり、楽しそうな表情で公演を鑑賞した。

전야제에 참가한 방문단 일행이 풍물가락이 흥겨운 듯 장단을 맞추며 즐거운 표정으로 공연을 감상했다.
前夜祭に参加した訪問団が風物(プンムル)のリズムにのったのか楽しく公演を鑑賞している。

일본 '평화를 생각하는 모임' 의 회원으로 평화운동 활동을 하고 있는 가수 우미세드 유타카 씨와 나라이 치도리 씨의 노래가 끝나자 '영혼을 노래하는 음유시인' 으로 널리 알려진 재일동포 2세 가수 이정미 씨의 노래가 이어졌다. 이정미 씨는 전야제에 참석한 제주도민들에게 방문단 일행을 소개하며 따뜻한 환영의 박수를 이끌어내기도 했다.
윤도현 밴드 차례가 되자 청소년들이 웅성거리기 시작했다. 사회자가 청소년들의 자리를 정리하는 동안 일행은 조용히 자리를 떴다.
일행이 객석에서 거의 빠져나올 즈음 윤도현 밴드의 공연이 시작되었다. 강한 록음악 소리와 함께 터지는 청소년들의 환호에 오사카에서 방문한 할머니들이 깜짝 놀라 귀를 막았다. 그러나 이내 그 소리에 맞춰 춤을 춰가며 버스가 기다리고 있는 곳으로 걸어갔다.

오사카방문단 할머니들은 제주에 오기 위해 새벽 5시부터 서둘러야 했다고 한다.
숙소로 들어간 시간은 밤 10시.
열다섯 시간을 이리저리 옮겨 다녔으니 지지치 않았을까.
그러나 평균 79세의 오사카방문단 할머니들은 조금도 피곤하지 않단다. 이런 꿈같은 세상을 만나려고 오래 살아졌나 싶다며 소녀처럼 해맑게 웃는다.
꽃다운 나이의 소녀이고 처녀였을 1948년, 4·3으로 잃어버렸던 웃음이 60년 긴 세월을 돌아 찾아온 것인가.

전야제 공연을 뒤로 하고 숙소로

前夜祭公演が終り宿所へ

日本の'平和を考える会'の会員として平和運動をしている歌手、海勢頭豊さんと那良伊千鳥さんの歌が終わると、'魂を歌う吟遊詩人'として広く知られる在日2世歌手李政美さんの歌が続いた。李政美さんは、前夜祭に参加した済州道民に訪問団一行を紹介し、暖かい歓迎の拍手をもたらした。
ユンドヒョンバンドの出番になると、青少年たちがざわめき始めた。司会者が青少年の席を整理する間、一行は静かに席を立った。
一行が客席からほとんど出たところで、ユンドヒョンバンドの公演が始まった。強烈なロックの音と共に弾ける青少年の歓声に、大阪から来たハルモニたちはびっくりして耳をふさいだ。しかし、すぐにその音に合わせて踊りながら、バスが待っている場所へ歩いていった。

大阪訪問団のハルモニたちは、今日済州に来るために、朝5時から準備しなければならなかったという。宿に戻った時間は、夜の10時。
15時間もあちこち移動しながら動いたため、疲れていることだろう。
しかし、平均79歳の大阪訪問団のハルモニたちは、少しも疲れを見せなかった。こんな夢みたいな世界を見るために長生きしたみたい、と少女のように明るく笑う。
花盛りの年頃の少女だった1948年の4·3事件で失っていた笑顔が、60年という長い歳月を越えて戻ってきたのだろうか。

3일 아침 위령제가 열리는 4·3평화공원으로 향하기에 앞서 벌써 채비를 마친 일행들이 삼삼오오 호텔 앞에서 이야기를 나누고 있다. 오른쪽은 '영혼을 노래하는 음유시인'으로 널리 알려진 재일동포 2세 가수 이정미 씨

3日朝、慰霊祭が開かれる4·3平和公園に向う前に万般の準備を整えた一行。ホテルの前で三々五々に座っておしゃべりをしている。右は '魂を歌う吟遊詩人' として廣く知られる在日2世歌手李政美さん。

추모광장으로 향하는 방문단

4월 3일, 60년 된 4·3을 만나다

(4·3평화공원 4·3 60주년 위령제 - 4·3 유적지 순례(북촌) - 4·3 기념행사 해원상생 큰굿 참관)

오전 8시 30분의 라마다 호텔 2층 로비.
벌써 채비를 마친 일행들이 삼삼오오 앉아 이야기를 나누고 있었다.

화산도의 작가 김석범 선생과의 기념촬영
〈火山島〉の作家金石範先生と記念撮影

4月3日、60年経った4·3に出会う

(4·3平和公園　4·3 60周年慰霊祭－4·3遺跡地巡礼(北村里)－4·3記念行事解怨共生クングッ(大賽神)観覧)

午前8時30分、ラマダホテル2階ロビー。
すでに仕度を済ませた一行が、三々五々に座っておしゃべりをしている。

위령제를 지켜보는 방문단 일행

慰霊祭を見守る訪問団

김동일

"감탄했어요. 감격했어요. 더 뭐라고 표현할 말이 없네요."

4·3 때문에 일본으로 떠난 뒤 처음으로 제주땅을 밟았다는 김동일 씨의 '4·3문화예술축전 전야제'에 대한 소감이다.

한순간도 놓치지 않으려고 카메라에 담는 방문단

一瞬も逃さないようにカメラに収める訪問団

金東日

"感動しました。感激しました。なんて言ったらいいか、わからないわ"

4·3のために日本に渡った後、初めて済州の地を踏んだという金東日さんの'4·3文化芸術祝典前夜祭'への感想だ。

사진기록으로 남기는 방문단 옆으로 1945년 11월 서울에서 3일간 전국인민위원회 대표자 대회에 제주 대표로 참가했던 이운방 씨(오른쪽)가 보인다.

訪問団が写真記録展の回りを通っている。そこに1945年11月ソウルで3日間行われた全国人民委員会代表者大会に済州代表として参加した李ウンバンさん(右)が見える。

조천에서 태어난 그는 조천중학원 2학년인 열여섯 살 때 4·3과 만났다.
4·3과 얽힌 그의 파란만장한 삶은 1947년 조천중학원 학생으로 민애청에 가입해 연락원으로 활동하면서 시작된다.
4·3이 일어난 후에도 계속 연락원으로 활동하던 김동일 씨는 연락원으로 산에 올라갔다가 내려오지 못하고 조천리 조직원들과 한라산에서 도피생활을 하다가 1949년 체포되었다. 광주형무소로 송치되어 3개월 뒤 석방되었지만 제주도는 너무 위험해서 귀향할 수 없었다. 진도 외숙부 집에서 지내던 김동일 씨는 1950년 6 · 25가 발발하자 진도군당 위원장 비서로 활동한다. 그리고 1951년 3월 전라도 지경 지리산 한 산골마을에서 군토벌대에 체포되어 광주 · 진도 · 목포 형무소에 며칠씩 구금됐다가 석방됐다.

위령제 내내 방문단의 많은 분들이 얼굴을 감싸고 눈물을 훔치는 모습을 보였다.
慰霊祭の始はじめから終おわりまで訪問団の多くの方々が胸に顔をうずめて涙を流す姿を見せている。

朝天里で生まれた彼女は、朝天中学院2年の16歳の時に、4･3に遭遇した。
4･3に巻き込まれた彼女の波乱万丈の人生は、朝天中学院の学生だった1947年に民青に加入し、連絡員として活動するようになってから始まった。
4･3が起きた後も引き続き活動していた金東日さんは、連絡員として山に登ったまま降りてこられなくなり、朝天里の組織員らと漢拏山で逃避生活を送り、1949年に逮捕された。光州刑務所に送致され、3ヶ月後に釈放されたが、済州島は非常に危険で帰郷することができなかった。珍島の母方の叔父の家で過ごしていた金東日さんは、1950年に朝鮮戦争が勃発すると、珍島郡党委員長秘書として活動する。そして1951年3月、全羅道智異山の山あいの村で軍の討伐隊に逮捕され、光州、珍島、木浦刑務所に数日ずつ拘禁されたが、釈放された。

위령제에 운집한 참가자들
慰霊祭に集まった参加者たち

제주4·3평화공원의 추모광장에서 진행된 위령제의 모습을 카메라에 담는 한 참가자

済州4·3平和公園の追慕広場で行われた慰霊祭の様子をカメラに収めるある参加者

만 2년 동안에 일어난 일이다. 그 사이 그는 10대 소녀가 겪기에는 너무나 힘겨운 불안과 공포, 수모와 좌절 등을 견뎌내야 했다.

1951년 4월, 제주도로 귀향한 그는 2년 만에 다시 고향을 떠난다. 계속되는 감시와 조사, 사람들이 그에게 말 붙이는 것조차 무서워하는 당시의 상황 속에서 살아낼 수가 없었던 것이다.
고향을 떠난 김동일 씨는 목포에 사는 외삼촌 집으로 갔다. 그곳에서 외삼촌이 경영하는 여관 일을 도우며 살았지만 불안하고 답답했다. '4·3무장대 연락원', '지리산 빨치산'으로 활동했던 조카의 과거가 들통날까봐 전전긍긍하는 외삼촌을 보는 일도 무척 괴로웠다.

위령제가 시작되기 전의 담소

慰霊祭が始まる前の談笑

満2年の間に起きた出来事だ。その間、彼女は10代の少女が経験するにはあまりにも苦しい不安と恐怖、恥辱と挫折に堪えねばならなかった。

1951年4月、済州島に帰郷した彼女は、2年後に再び故郷を離れる。いつまでも続く監視と調査、まわりの人々が彼女に話しかけることさえ怖がるような当時の状況の中で、暮らしていくことができなかったのだ。
故郷を離れた金東日さんは、木浦に住む母方の叔父の家へ向かった。そこで叔父の経営する旅館の仕事を手伝い暮らしていたが、不安でやり切れなかった。'4·3武装隊の連絡員'、'智異山のパルチザン'として活動していた姪の過去がばれるかと戦々恐々とする叔父を見るのもつらかった。

말없이 위령제를 지켜보는 김진횡 씨(왼쪽)
黙黙と慰霊祭を見ている金鎮フェンさん(左)

4·3 유족과 이야기를 나누는 일본인 참가자

어느 날 외삼촌은, 일본에 살면서 무역 일을 하는 스무 살 연상의 고찬호를 소개시켜주며 그와 결혼해서 일본에 가 살지 않겠느냐고 했다.

"일본에만 가면 '자유' 가 있을 것이다."

오직 그 생각 하나로 김동일은 스물세 살 나던 해 결혼을 한다.

침묵만이 흐르고.
沈黙だけが流れて

ある日叔父は、日本に住みながら貿易の仕事をしている20歳年上の高チャンホを紹介しながら、彼と結婚し、日本へ行って暮らしたらどうかと言った。
“日本にさえ行けば‘自由’があるだろう”
ただその思いだけで、金東日さんは23歳になる年に結婚をした。

위령제 중 4·3 당시 희생된 영령에 대한 묵념. 지난 60년의 온갖 상념이 교차하는 순간이다.
慰霊祭の中、4·3当時犠牲になった英霊に対し黙祷。これまで60年間のあらゆる想念が交差する瞬間。

1958년, 스물일곱 살에 부산에서 밀항선을 타고 '자유를 찾아' 드디어 일본으로 떠난 김동일 씨. 그러나 그 자유는 등록증이 없어 겪어야 하는 부자유와 차별, 냉대, 온갖 고생 등과 맞바꿔야 했다.
1963년, 아들이 태어나고 생활도 안정돼 갔지만, 가슴 속에 화석처럼 박혀 있는 4·3의 응어리는 풀리지 않았다.
1985년, 김민주 씨, 고이삼 씨 등 '4·3을 생각하는 모임' 의 사람들을 만나기 시작하면서 가슴 속에 응어리진 4·3의 얘기들을 조금씩 꺼내놓기 시작했다.
그리고 2008년 4월, 떠난 지 52년 만에 제주땅을 밟은 것이다.

김석범, 김동일, 방정옥 씨 등이 4·3 당시 희생된 영령에 대한 묵념을 하고 있다. 김동일 씨는 조천중학원 2학년인 열여섯 살 때 4·3을 만나 민애청에 가입, 연락원으로 활동했다.

金石範、金東日、方正玉さんなど、4·3当時犠牲となった英霊に対し黙祷。金東日さんは朝天中学校 2年生、16歳の時 4·3に会い、民愛青に入り、連絡員として活動した。

1958年、27歳の時に釜山で密航船に乗り、'自由を求めて' ついに日本へと発った金東日さん。しかしその自由は、外国人登録証がないために経験しなければならない不自由と差別、冷遇、そしてあらゆる苦労と引き換えにしなければならなかった。
1963年に息子が産まれ、生活も安定していったが、胸の中に化石のように埋まっている4·3のしこりは溶けなかった。
1985年、金民柱、高二三さんなど '4·3を考える会' の人々に会うようになり、胸の中でしこりとなっていた4·3の話を、少しずつ取り出し始めた。
そして2008年4月、52年ぶりに済州の地を踏んだのだ。

응시
凝視

"그저께 일본 NHK 방송 취재진들하고 52년 만에 고향마을에 가보았어요. 만세동산에도 가보았어요. 만세동산에서 '아버지! 딸이 살아서 돌아왔어요. 아버지의 영혼은 언제나 살아계십니다.' 하면서 크게, 크게 외치고 왔어요."

김동일 씨의 부친 김순탁은 1919년 3 · 1운동과 1929년 조천야학운동 등에 참여했던 항일운동가였다. 그리고 김동일 씨의 조부는 진사, 외조부는 군수를 역임했다.

"좋은 집안에 태어났으니 4·3사건만 아니었다면 화려한 생활을 했었을 텐데, 어이구 내 팔자야 하지. 하지만 시대가 그랬고, 그 시대를 따른 내 행동을 후회하지는 않아요."

상념에 젖어

想念に濡れて

“おととい、NHK放送の取材陣と52年ぶりに故郷の村に行ったんです。万歳の丘にも行ってみました。万歳の丘で、‘アボジ！娘が生きて帰って来ましたよ。アボジの魂はいつも生きてらっしゃいます’って、大きな声で叫んで来たの”

金東日さんの父親の金淳澤は、1919年の3·1運動と1929年の朝天夜学運動などに参与した抗日運動家だった。そして金東日さんの祖父は進士、外祖父は郡守を歴任していた。

“裕福な家に生まれたから、4·3事件さえなかったら良い暮らしをしただろうに、、アイゴ、運のないこと。だけど時代がそうだったから、その時代に従った自分の行動に後悔はしてないわ”

SONY

위령제에서의 국민의례
慰霊祭での国民儀礼

추도사를 진지하게 듣고 있는 방문단

追悼辞を真剣に聞いている訪問団

김동일 씨는 자신의 이야기를 담은 '자유를 찾아서' 라는 제목의 책을 꺼내 보여주었다.

오랫동안 4·3을 연구하고 진실규명을 위해 활동해온 김창후 씨가 김동일 씨의 구술을 엮어낸 책이다. 김창후 씨는 책 뒷장 말미에 이렇게 적고 있었다.

"… 이제 김동일은 자유를 찾아 몸을 의탁한 땅 일본에서 자신을 과거 여성빨치산만이 아닌, 50년 '자이니치' 의 고단한 연륜이 온몸에 고목처럼 새겨진, 그래서 더욱 재일조선인다워진 자신을 그냥, 있는 그대로 보아줄 것을 바라고 있다."

각양각색의 표정들
様々な表情

金東日さんは、自分の話を収めた‘自由を求めて’という題名の本を見せてくれた。
長い間4·3を研究し、真相究明のために活動してきた金昌厚さんが、金東日さんの口述をまとめて出した本だ。金昌厚さんは本の終わりにこう書いている。
〈・・・今、金東日は自由を求め身を任せた地である日本で、 過去の女性パルチザンとしてだけでなく、50年の‘在日’の疲れきった年輪が身体中に古木のように刻まれた、だからこそ一層在日朝鮮人らしくなった自分を、ただありのままに見せることを望んでいる〉

식전공개행사에 선보였던 동백꽃 가지를 들고 있는 방정옥 씨
式前公開行事で見えた椿の花を持っている方正玉さん

간절함이 묻어나는 김동일 씨
切実さが伝わってくる金東日さん

안타까운 표정의 소설가 현기영 씨

눈물을 흘리는 김동일 씨

4·3위령제가 끝나갈 무렵 강요배 화백을 만나는 김동일 할머니. 4·3 당시 연락원으로 활동했던 김동일 할머니는 언니의 제사를 강 화백의 집안에서 지내는 사실을 뒤늦게 알고 강 화백에게 이모라 부르라며 눈시울을 붉혔다.

4·3慰霊祭が終わる姜堯培畫伯に会う金東日さん。4·3当時、連絡員として活動した金東日さんは、自分のお姉さんの祭祀を姜画伯の家でやっている事実を今になって知って、姜画伯に自分のことを叔母さんと呼んでほしいと言いながら目頭を濡らしている。

처음이자 마지막 참석이 될지도 모르는 4·3위령제

"할머님들, 이제 그만 버스 타러 갑시다. 누님들! … 이야, 할머니랜 허난[하니까] 안 움직이고, 누님이랜 허난 움직이네."
재일본 4·3유족회장 강일 씨의 말에 한 할머니가 즐겁게 맞받아친다.
"누님이 맞주게[맞지]. 우리가 어떵행[어째서] 회장님 할머니가 될 차례라[관계냐]?"

오전 9시. 평화공원을 향해 출발한 동경방문단 1호 버스에는 주로 재일동포들이 타고 있었다.
버스 안에서 4·3 관련 자료집을 나누어주자, 모두들 꼼꼼히 읽기 시작했다. 이번에 같이 못 온 친구에게 갖다 줘야겠다며 자료집을 더 챙겨가는 사람도 있었다.

지켜보는 사람도 눈물을 흘리고

最初で最後の参加になるかもしれない4·3慰霊祭

“ハルモニ、そろそろバスに乗りに行きましょう。お姉さん！・・・いやあ、ハルモニって呼んでも動かないけど、お姉さんって呼んだら動くんだから”
在日本4·3遺族会会長の康実さんの言葉に、あるハルモニが喜んで応戦する。
“お姉さんで合ってるでしょ。うちらがどうして会長のハルモニになるのさ？”

午前9時、平和公園に向かって出発した東京訪問団1号車には、主に在日同胞が乗っていた。
バスの中で、4·3関係の資料集を配った。皆、熱心に読み始めた。今回来れなかった友達に持っていくからと、資料集をもう1冊持っていく人もいた。

헌화 분향

獻花焚香

시내를 빠져나온 버스가 봉개동 평화공원 가는 길로 접어들자 국회의원 총선 유세차량이 눈에 띄었다.
방문단 일행은 "저 당은 진보 쪽이냐, 보수 쪽이냐, 어느 당에서 될 것 같으냐." 라고 묻는 등 이번 총선에 대한 관심을 나타냈다.

제주4·3평화공원에 도착한 방문단 일행은 버스에서 내려 추모광장으로 향했다.
구름 한 점 없는 쾌청한 하늘도, 유난히 뚜렷해 보이는 눈 녹지 않은 한라산의 웅장한 자태도, 이 나무 저 나무로 옮겨 날며 앉는 까마귀들도 화제가 됐다.

추모광장을 빙 두르고 있는 각 마을 유족회의 천막들, 위령제에 참석하기 위해 모여든 1만여 명의 제주도민들.
일행은 오늘의 분위기를 하나라도 더 눈과 가슴 속에 담아가려는 듯, 찬찬한 눈길로 식전 행사로 마련된 '평화동행' 공연을 감상했다.

위령제가 끝난 후 일반 유족과 함께 헌화 분향하는 방문단 일행
慰霊祭が終わった後一般遺族と一緒に献花、焚香する訪問団

市内を抜けたバスが奉蓋洞の平和公園へ向かう道に入ると、国会議員総選挙の遊説の車が目に入った。
訪問団一行は、'あの党は進歩か、保守か。どの党が当選しそうなのか'と尋ねるなど、今回の総選挙に対する関心を見せた。

済州4・3平和公園に到着した訪問団一行は、バスから降り、追慕の広場へと向かった。
雲ひとつない快晴の空も、ひときわはっきり見える雪の残る漢拏山の雄大な姿も、この木あの木と飛び移るカラスさえ、話題の種となった。

追慕の広場をぐるっと囲んでいる各村の遺族会のテント、慰霊祭に参加するために集まった1万余名の済州道民。
一行は、今日の雰囲気をひとつでも多く目と胸に刻もうとするかのように、じっくりと式前行事として準備された'平和の同行'公演を鑑賞した。

끝없이 이어지는 추모 행렬

長く列を並んでいる追慕行列

4·3교류방문단은 '대한민국 대통령이 참석하는 4·3위령제'를 무척 기대했었다.
대부분의 재일동포 1세들은 특히 더 그랬다.
처음이자 마지막이 될지도 모르는 자리이기 때문이다.

김석범 씨는 4월 2일 그를 인터뷰하기 위해 찾아온 인터넷신문 〈제주의 소리〉 김봉현 기자에게서 대통령이 불참한다는 얘기를 듣고 무척 섭섭해했다. 4월 3일 아침에 실린 인터뷰 기사 중 일부를 그대로 옮겨본다.

제주지역 TV와 인터뷰하는 문경수 교수

済州のTV番組とインタビューする文京洙教授

4·3交流訪問団は、‘大韓民国の大統領が参列する4·3慰霊祭’を、とても楽しみにしていた。
ほとんどの在日1世が、特にそうだった。
最初で最後となるかもしれない機会だからだ。

金石範さんは、4月2日にインタビューのためやって来たインターネット新聞〈済州の声〉の金俸鉉記者から、大統領が参列しないという話を聞いて、とても残念がっていた。4月3日の朝掲載されたインタビュー記事から、一部をそのまま紹介する。

위령제가 끝난뒤

4·3의 현실은 요즘 젊은 친구들 상식으론 이해하기 어려운 일입니다. 그러나 김대중 정부와 노무현 정부를 거치면서 꿈같은 일(4·3특별법 제정, 4·3진상보고서 발행 등)들이 기적처럼 일어났고, 이제 60년을 맞았습니다. 4·3은 제주도만의 문제가 아닙니다. 60년을 맞은 4·3은 국가적인 문제이자 동아시아 평화와 인권에 관한 문제입니다. 이제 이명박 정부가 4·3을 이어받아야죠. 내일 위령제에 이명박 대통령이 참석해서 그런 뜻을 이어받아야 할 겁니다(김석범 선생은 이 대통령이 4·3 60주년 위령제에 참석하는 줄 알고 있었다).

- 아쉽지만 이명박 대통령은 4·3위령제에 참석하지 않는 것으로 알려졌습니다.

아니, 그게 무슨 소리요? 온다고 했었잖아요. 이 대통령이 안 온다니 그게 말이 돼요? (그의 눈이 더욱 동그랗게 커졌다.) 도대체 무엇 때문에 못 온단 말이오. 일국의 대통령이 약속을 그리 쉽게 바꾼다니 무엇 때문이오? (계속해서 그는 기자를 잡아먹을 듯 다그쳤다.) 이번에 대통령이 제주4·3위령제에 방문하지 않는다면 국회의원 선거에서 한나라당 제주도 후보들은 다 떨어질걸! 이 늙은이도 한국에 올 땐 전날 밤이면 늘 밤잠을 설치는데…. 어젯밤도 도통 잠을 이루지 못하다 한 시간쯤 눈을 겨우 붙였는데 정말 대단히 섭섭하오, 섭섭해!

위령제 소감을 나누는 일행

4·3の現実は、最近の若い人々の常識では理解し難いでしょう。しかし、金大中政権と盧武鉉政権を経て、夢のようなこと(4·3特別法制定、4·3真相報告書発行など)が奇跡のように起こり、60年を迎えました。4·3は済州島民の問題ではありません。60年を迎えた4·3は国家的な問題であり、東アジアの平和と人権に関する問題です。今、李明博政権が4·3を引き継がなくては。明日の慰霊祭に李明博大統領が参列して、その意思を引き継がなくてはなりません。(金石範先生は李大統領が4·3 60周年慰霊祭に参列すると思っていた)

－残念ながら、李明博大統領は4·3慰霊祭に参列しないということです。

なに、それはどういうことだ？来るって言ってたじゃないか。李大統領が来ないなんて。(彼の目が一層丸く大きくなった)一体なぜ来れないんだ。一国の大統領が約束をそんなに簡単に変えるなんて、どうして？(続けて彼は記者に迫った)　今回大統領が済州4·3慰霊祭を訪問しないというなら、国会議員選挙でハンナラ党の済州道候補らは皆落ちてしまうぞ！この年寄りだって、韓国に来る前夜はいつも眠れないのに・・・。昨晩もまったく眠れなくて、やっと1時間くらい寝たのに。本当にすごく残念だ、残念！

위령제가 끝난 후 자리를 정리하는 방문단

慰霊祭が終わった後、席を片付けている訪問団

4·3 60주년은 제주4·3의 역사뿐만 아니라 한국의 역사를 바로잡는 의미가 있어요. 노무현 대통령도 '과거청산'을 중요시했는데 조금 지나친 점이 있더라도 그건 수정해가면서 진척시켜나가야지요. 우리가 해방 직후 얼마나 수치스러운 일들을 많이 했소. 한국전쟁은 좀 차원이 다른 문제이고, 4·3은 제주의 문제가 아니라 국가적인 문제요, 동아시아 국제적인 문제인데. 김대중·노무현 정부 등 지난 정부의 지나친 점은 지나친 대로 수정하면 되고, 다만 그 근본정신은 훼손하면 그건 안 되지요. 이명박 대통령이 최소한 4·3영령들과 유족들 앞에서 묵념이라도 올려야 하는 것 아니오? 대단히 섭섭하오. (김석범 선생은 진노한 듯 정제된 표현으로서 '섭섭하다'라는 말을 수없이 반복했다.)

4·3교류방문단은 대통령의 불참을 무척 서운해하면서도 김태환 제주특별자치도지사의 주제사와 한승수 국무총리의 추도사 등에 유난히 귀를 기울이며, 엄숙하고 숙연한 눈빛으로 위령제를 지켜보았다.

위령제 행사장을 뒤로하고

慰霊祭の現場を後にして

4·3 60周年は、済州4·3の歴史というだけでなく、韓国の歴史を正す意味があるんだ。盧武鉉大統領も'過去の清算'を重要視したのに。少し行き過ぎた点があっても、それは修正しながら進めていかないと。我々が解放直後、どんなに恥ずかしいことをたくさんしてきたか。朝鮮戦争は少し次元の違う問題だけど、4·3は済州の問題じゃなく、国家的な問題で、東アジアの国際的な問題なのに。金大中・盧武鉉政権など、過去の政権の行き過ぎた部分はそれなりに修正すればいいし、ただ、その根本精神は毀損したらいけませんよ。李明博大統領が、最低限4·3の英霊と遺族の前で黙祷でもしないといけないんじゃない？とても残念だよ。(金石範先生は、激怒しながらも言葉を選んだ表現で'残念だ'という言葉を何度も繰り返した)

4·3交流訪問団は大統領の不参加をとても残念がりなからも、金泰煥済州特別自治道知事の主題辞と韓昇守国務総理の追悼の辞などに特に耳を傾け、厳粛で粛然とした視線で慰霊祭を見守った。

진료소
음료봉사
행사안내
119구급대
AMBULANCE
東京 京都2
京都3

기념촬영
記念撮影

기념촬영

記念撮影

4·3 60년이 빚은 '상봉'

'순이삼촌'의 소설과 현기영 씨와 4·3 역사화를 전시 중인 강요배 화백도 추모광장 한켠에서 위령제를 지켜보고 있었다. 위령제가 막 끝났을 때, 도쿄방문단 김동일 씨가 강요배 화백을 만나러 왔다.

"내가 강요배 화백의 이모예요."

어리둥절해하는 강요배 화백에게 김동일 씨는 어떻게 해서 자신이 이모가 되는지 가족관계를 열심히 설명했다.

김동일 씨의 사촌언니인 김동환과 강요배 화백의 부친이 부부 사이였다는 것이다. 그러나 얼마 지나지 않아 이혼을 했고, 강 화백의 부친은 강 화백의 모친과 재혼을 했다.

잠시 휴식을 취하는 방문단
しばらく休憩を取っている訪問団

4·3 60周年がもたらした'再会'

'順伊おばさん'の作家である玄基栄さんと、4·3歴史画を展示中の姜堯培画伯も、追慕の広場の片隅で慰霊祭を見守っていた。慰霊祭がちょうど終わった時、東京訪問団の金東日さんが姜堯培画伯に会いにきた。
"私が姜堯培画伯の叔母よ"
とまどう姜堯培画伯に、金東日さんはどうして自分が叔母にあたるのか、家族関係を一生懸命説明した。
金東日さんの4寸(4親等)のお姉さんにあたる金ドンファンと姜堯培画伯の父親が、夫婦だったというのだ。しかし間もなく離婚し、姜画伯の父親は姜画伯の母親と再婚した。

일시에 행사장을 빠져나가는 참가자들
一遍に行事場を抜ける参加者たち

김동환은 4·3사건 당시 조천여맹위원장으로 활동하다 강경진압시기에 함덕 모살팟에서 총살당했다. 그 시신을 강 화백의 부친이 수습해 묻어주었고 그 영혼을 '가족' 으로 보듬어주었다. 그 사촌언니의 벌초와 제사를 강요배 화백이 지금까지도 해오고 있다는 것을 안 김동일 씨는 그 '고마운 조카' 를 꼭 만나고 싶었다고 했다.
"큰어머니 제사를 지내고 있었지만 이모님에 대한 얘기를 들은 적이 없었다." 라며 "몰라서 죄송하다." 라는 강요배 화백의 손을 잡고 김동일 씨는 울먹이며 말했다.

버스가 주차된 곳으로 이동
バス駐車場に移動

金ドンファンは、4·3事件当時朝天女盟委員長として活動し、強硬な鎮圧の時期に咸徳の砂浜で銃殺された。その遺体は姜画伯の父親が見つけて埋葬し、その魂を家族として迎えいれた。その4寸のお姉さんの墓の伐草と祭祀を、姜堯培画伯が今でも行っていることを知った金東日さんは、その'ありがたい甥'に絶対に会いたかったと言った。

"義理のオモニの祭祀を行っていましたが、叔母さん(金東日)の話を聞いたことがなかった"、"知らなくてごめんなさい"という姜堯培画伯の手を取り、金東日さんが泣きながら言った。

4·3평화기념관을 뒤로하고

4·3平和記念館を後にして

"정말 고마워요. 참 만나보고 싶었어. 내가 이모 된다고, 정정당당한 이모라고 말해주고 싶었어."
강요배 화백은 "내가 정정당당한 이모요."를 되뇌는 김동일 씨의 어깨를 감싸 안으며 눈물을 흘렸다.
이들을 지켜보는 현기영 작가의 눈에서도 눈물이 흘렀다.

멀리 보이는 위령제단과 위패봉안소를 배경으로 기념촬영을 마친 방문단 일행은 12시 20분경 버스에 올랐다.
버스는 밀린 차량 때문에 더딘 속도로 시내를 향했다. 위령제에 참석했던 사람들이 그렇게 많았기 때문이다.

묵묵히

黙黙と

“本当にありがとう。本当に会ってみたかった。私が叔母さんよって。正々堂々と、叔母さんだって言ってあげたかったの”
姜堯培画伯は、“私が正々堂々とした叔母さんよ”と繰り返す金東日さんの肩を抱き、涙を流した。
彼らを見守っていた玄基栄さんの目にも涙が流れていた。

遠くに見える慰霊祭壇と位牌奉安所を背景に、記念撮影を終えた訪問団一行は、12時20分頃バスに乗った。
バスは混み合う車のために、ゆっくりと市内に向かった。慰霊祭に参席した人がそれだけ多かったのだ。

위령제 행사장을 빠져나오는 방문단

방문단 1호 버스에 일본 아사히신문 하코다 데츠야 기자, 4·3 60주년 기념사업추진위원회의 양동윤 집행위원장과 김평담 고문이 동승했다.

4·3사건의 과정 중 '미군정의 개입'과 '동족 사이에 일어난 학살의 참극' 부분이 가장 주목된다는 하코다 기자는 양동윤 씨와 김평담 씨에게 4·3 관련 사업의 향방, 제주지역 총선의 흐름 등에 대해 이것저것 궁금한 점을 묻고, 두 사람의 대답을 진지한 표정으로 열심히 들었다.

이야기 나누는 참가자들

訪問団1号車に朝日新聞の箱田哲也記者、4·3 60周年記念事業推進委員会の梁東允執行委員長と金評談顧問が同乗した。4·3事件の過程の中でも、'米軍政の介入' と '同族の間で起きた虐殺の惨劇' が最も注目されるという箱田記者は、梁東允さんと金評談さんに4·3関連事業の行方、済州地域の総選挙の流れなどについて、あれこれ気になる点を尋ね、2人の答えを真剣な面持ちで一生懸命に聞いていた。

제주시내 한 음식점에서 돼지고기를 구워가며 점심식사를 하는 방문단 일행

済州市内のある食堂で豚肉を焼きながら昼食をとっている訪問団

일행은 제주시내에 있는 한 음식점에서 돼지고기를 구워가며 점심식사를 했다.
제주산 돼지고기의 맛은 일본에서도 알아준다며, "정말 맛있다.", "제주에서 먹으니 더 맛있다." 라고 입을 모았다.

점심식사를 끝낸 일행이 하나둘 버스에 오를 무렵, 주차장 한쪽에서 울음소리가 터져 나왔다.
이복숙 씨와 그의 아들 문선일 씨, 재일본 4·3 유족회장 강실 씨, 4·3을 생각하는 모임 회장 조동현 씨, 네 사람이 그들을 찾아 화북에서 온 이명자 씨를 만나고 있었다.

얘기 도중 목이 메어 울먹이는 이복숙 씨. 옆의 강실 회장과는 사촌 간으로 모두 무장대 사령관이던 이덕구의 조카들이다.

話中のどが詰まって今にも泣出しそうな李福淑さん。隣の康實会長とはいとこにあたり、二人とも武裝隊の總司令官であった李徳九の甥と姪である。

一行は済州市内にある食堂で、豚肉を焼いて昼食をとった。済州産の豚肉は日本でも有名だということで、“本当においしい”、“済州で食べるから余計においしい”と口をそろえた。

昼食を終え、一行がひとりふたりとバスに乗り込む時、駐車場の方から泣く声がした。
李福淑さんとその息子の文善一さん、在日本4·3遺族会会長康実さん、4·3を考える会の会長曺東鉉さんの4人が、彼らを探して禾北から来た李明子さんに会っていた。

울먹이는 이복숙 씨를 위로하는 소설가 김석범 선생
今にも泣出しそうな李福淑さんを慰める小説家金石範先生。

가족사에 대해 얘기하는 이복숙 씨. 옆에는 조카가, 뒤에는 아들이 서 있다.
家族史を語っている李福淑さん。隣は姪、後ろは息子。

이명자 씨에게 이복숙 씨는 당고모였고, 문선일 씨는 조카였으며, 강실 씨는 아버지의 사촌이었고, 조동현 씨는 어머니의 사촌이었다. 이명자 씨는 일본에 나가 사는 친인척 네 사람을 한꺼번에 만난 것이다.
이들은 '4·3'과 '이덕구', 그 한 맺힌 이름을 부여잡고 울음을 터뜨릴 수밖에 없었다.
이 기막힌 상봉을 지켜보는 이들도 눈시울을 적신다.
그들을 지켜보기가 너무 힘겨웠는지 김석범 씨가 등을 어루만져주며 눈물 젖은 목소리로 허공에 대고 카랑카랑한 일갈을 던진다.
"폭도 아니야! 민족의 영웅이야!"

이복숙 씨와 아들, 조카
李福淑さんの息子と姪。

李明子さんにとって、李福淑さんは父方の叔母で、文善一さんは甥で、康実さんは4寸のいとこで、曺東鉉さんは母方のいとこだった。李明子さんは、日本に暮らしている親戚4人に一度に会ったのだ。
彼らは'4·3'と'李徳九'、その恨の積もった名前を握り締め、泣くほかはなかった。
この胸のつまる再会を見守る人々も、目頭を熱くした。
彼らを見ているのがつらすぎたのか、金石範さんが背をなでながら、涙声で虚空に向かって高い声で一喝した。
"暴徒じゃない！民族の英雄だ！"

4·3평화공원에서 북촌마을로 향하는 길에 차창 밖 제주의 풍경에 눈을 떼지 못하는 방문단의 모습. 제주의 4월은 노란 유채로 넘쳐난다.
4·3平和公園から北村に向う道。バスの窓から済州の風景に目をはなせない訪問団。済州の4月は黄色い菜の花が溢れる。

북촌 너분숭이에서 만난 4·3

오후 2시. 방문단 일행을 태운 버스가 조천읍 북촌리를 향했다.
차창 밖으로 스쳐 지나가는 제주 4월의 자연은 눈이 시리도록 아름답다.
얼마나 그립고 보고 싶었던 풍경이었을까.
모두들 차창 밖에 눈을 빼앗긴 채 있는데, 누군가 중얼거리듯 내뱉었다.
"천천히, 천천히 갑시다."
그리고 아무도 말을 하지 않은 채로, 버스는 북촌초등학교 앞에 도착했다.

북촌초등학교에서 북촌사건에 대해 설명을 듣는 방문단
北村初等学校にて北村事件について説明を聞いている訪問団

北村里ノブンスンイで出会った4·3

午後2時。訪問団一行を乗せたバスが、朝天邑北村里に向かった。
車窓の外に流れゆく済州の4月の自然は、目が覚めるほど美しい。
どれほど恋しく、夢に描いた風景だったろうか。
皆が車窓の外に目を奪われていると、誰かがぽつりとつぶやいた。
"ゆっくり、ゆっくり行きましょう"
そして誰も何も言わないまま、バスは北村小学校の前に着いた。

방문단과 북촌초등학교

訪問団と北村初等学校

방문단 일행은 북촌초등학교 운동장에 모여 서서 4·3 60주년 기념사업추진위원회의 김은희 씨가 설명하는 '북촌 사건' 이야기에 귀를 기울였다.

현기영 소설 '순이삼촌'의 배경이 된 북촌 사건이 어디 짧은 시간에 전해줄 수 있는 간단한 이야기던가. 설명은 수십 분을 넘기며 계속됐지만, 일행은 꼼짝도 않고 한 자리에 붙박아 서서 진지하게 경청했다.

북촌 주민 학살이 "실전 경험이 없는 사병들의 사격연습용으로 이뤄졌다."라는 증언을 전하는 부분에서는 충격을 받은 듯 "아!" 하는 소리를 뱉은 채 입을 다물지 못하는 사람들이 적지 않았다.

북촌초등학교 부근의 당팟과 너분숭이 일대 등 당시 학살 현장과 희생자의 이름이 새겨진 위령비, 소설 '순이삼촌'의 원문이 새겨진 비석들을 돌아보는 방문단 일행의 얼굴빛은 저마다 복잡해 보였다. 충격, 측은함, 애달픔, 미안함, 슬픔, 분노, 추모, 기막힘, 서글픔, 죄책감 등등의 감정이 얼기설기 얽혔기 때문이다.

제주도 내 거의 대부분의 마을마다 마을발전에 기여한 재일동포의 공덕을 기리는 공덕비가 세워져 있다. 북촌초등학교 역시 예외는 아니다.
済州島内ほとんどの村には村の発展に寄与した在日韓国人の功徳を称える功徳碑が立てられている。北村初等学校も例外ではない。

訪問団一行は北村小学校の校庭に集まり、立ったまま4·3 60周年記念事業推進委員会の金恩希さんが説明する'北村事件'の話に耳を傾けた。

玄基栄の小説'順伊おばさん'の背景となった北村事件が、短い時間で伝えることのできる簡単な話のはずもない。説明は数10分続いたが、一行は微動だにせず、同じ場所でじっと立ったまま真剣に傾聴した。

北村里住民の虐殺が、"実践経験のない兵士らの射撃練習用に行われたという証言"を伝える部分では、衝撃を受けたように"あ!"という声をあげ、口を開けたままの人も少なくなかった。

北村小学校付近のタンパッとノブンスンイ一帯など、当時の虐殺現場と犠牲者の名前が刻まれた慰霊碑、小説'順伊おばさん'の原文が刻まれた碑石などを巡る訪問団一行の面持ちは、それぞれ複雑に見えた。衝撃、憐れみ、痛み、申し訳なさ、哀しみ、憤怒、追慕、あきれ、やるせなさ、自責の念など、さまざまな感情が交錯しているのが見てとれただめだ。

방문단 일행이 북촌초등학교 운동장에 모여 서서 4·3 60주년 기념사업추진위원회 김은희 추진위원으로부터 현기영 소설 '순이삼촌'의 배경이 된 북촌 사건에 대해 듣고 있다.

訪問団は北村初等學校の校庭に集まり、4·3 60周年記念事業推進委員會の金恩希さんから玄基榮小説 'スニおばさん' の背景となった北村事件の話を聞いている。

일행은 방문단 소식을 듣고 찾아온 북촌유족회장 이재후 씨에게도 북촌사건에 대한 이런저런 이야기들을 들었다.

도쿄방문단으로 온 서른아홉 살의 재일동포 2세 이천파 씨는 북촌사건으로 작은아버지 등 4명의 친족이 희생당했다고 했다.

그는 위령비에서 그 이름들을 찾아보았는데 한 명만 올라 있다며, 이재후 씨에게 나머지 셋은 어떻게 된 것인가를 물었다.

이재후 씨가 당시의 상황을 알고 있는 사람의 연락처를 적어주었지만 이천파 씨는 난감해했다.

마침 방문단 인솔을 담당하고 있는 강태권 씨가, 4·3연구소 연구원으로 북촌마을 희생자 조사를 했었다며 자료를 살펴본 후 어떻게 된 일인지 반드시 알려주겠다고 약속하자 이천파 씨는 비로소 난감한 표정을 풀었다.

북촌 주민 학살이 "실전 경험이 없는 사병들의 사격연습용으로 이뤄졌다."라는 증언을 전하는 부분에서는 충격을 받은 듯 "아!" 하는 소리를 뱉은 채 입을 다물지 못하는 사람들이 적지 않았다.

北村里住民の虐殺が、"實踐経驗のない兵士らの射擊練習用に行われたという証言"を伝える部分では、衝撃を受けたように"あ!"という聲をあげ、口を開けたままの人も少なくなかった。

一行は、訪問団のことを知り駆けつけた北村遺族会会長の李在厚さんから、北村事件についていろいろな話を聞きもした。東京訪問団として参加した39歳の在日同胞2世の李千波さんは、北村事件で父親の弟など4人の親戚が犠牲になったという。彼女は慰霊碑にその名前を探してみたが、ひとりしか名前が載っていないため、残りの3人はどうなっているのかと李在厚さんに尋ねた。李在厚さんが当時の状況を知っている人の連絡先をメモしてくれたが、李千波さんは困っていた。
ちょうど訪問団の引率を担当していたカンテグォンさんが、4·3研究所研究員として北村里の犠牲者調査をしていたため、資料を調べて、どうなっているのか必ず知らせると約束すると、李千波さんはやっと困り果てた表情を崩した。

너븐숭이 '순이삼촌' 표석을 둘러보며

ノブンスンイ公園。 'スニおばさん' の漂石を回りながら

순이삼촌 표석에 곱게 접은 종이학을 올리는 참가자
'スニおばさん'の漂石にきれいに折った折鶴をささげる参加者

순이삼촌
2007년 11월에 세우다

북촌리는 4·3 당시 단일사건으로는 가장 많은 400명 이상이 한날한시에 희생됐는데, 어른들의 시신은 임시 매장했다가 사태가 안정된 후 안장되기도 했으나 당시 어린아이와 무연고자 등은 너븐숭이에 임시 매장한 상태로 지금까지 남아있다.

4·3当時北村里は、単一事件では一番多い400人以上が一挙に犠牲になった。大人の死体は臨時埋葬され、事態が収まる次第安葬されたが、当時子供と無縁故者などはノブンスングイに臨時埋葬したまま今まで残っている。

북촌리에서 작은아버지가 희생된 이천파 씨가 이재우 북촌유족회장과 이야기를 나누고 있다.

北村事件で叔父を亡くした李千波さんが北村遺族会の李在厚会長と話している。

저의 친족을 찾아주세요. 북촌리 출신 부모를 둔 한 참가자가 족보를 베낀 종이를 들고 북촌리 주민에게 자신의 친족에 대해 아느냐고 묻고 있다. 이 가족은 북촌리에서 400여 명이 희생된 날인 1948년 12월 19일(양력 1949년 1월 17일) 하루에 4명이, 다음날 1명이 사망했다.

私の親族を捜してください。北村里出身の親を持つある参加者が族譜を引き写した紙を持って北村里住民に自分の親族のことを知っているのか問っている。この家族は北村里で400余人が犠牲になった1948年12月19日(陽暦 1949年1月17日)一日に4人を、翌日1人を亡くしたのである。

순이삼촌을 배경으로 기념촬영
'スニおばさん' を背景に記念撮影

東京·京都 2

제주시청 앞 주 행사장에서 열린 4·3 해원상생굿
濟州市廳前のメイン·ステージで開かれた4·3解怨共生クッ

해원상생굿으로 만난 4·3

오후 4시, 북촌을 떠난 방문단 일행이 도착한 곳은 제주시청 앞 주행사장.
4·3 해원상생굿 '큰굿 한마당'이 한창 펼쳐지고 있었다.

"… 시원시원하게 울고 가옵소서. 이승에 둔 미련이야 억울한 누명을 벗는 일 아닙네까. … 아무리 잔인한 세월, 모진 인심을 살았을망정 … 허공중에 허튼 넋, 구름 길 바람 길에 흩어진 넋 모으고, 뼈를 묶고 기워서 영육 한 몸으로 묶어 … 떳떳하게 울고 가옵소서, 조카야, 내 설운 조카야 하며 실컷 울고 가옵소서. … 저승 상마을로 가 나비로나 환생하소서. 눈물이 죄될 리야 있습네까. 눈물이 법에 걸려 두 번 죽을 리야 있습네까. …"

심방의 절절한 본풀이 소리에 재일동포 1세들이 숨죽여 눈물을 훔쳤다.
어느새 해가 기울어가고 있었다. 굿은 밤 열 시까지 계속 이어질 것이지만 일행은 다음 일정 때문에 굿판에서 일어서야 했다.

해원상생굿 관람

解怨共生クッで出会った4･3

午後4時、北村を離れた訪問団一行が到着したのは、済州市庁前のメイン・ステージ。
4･3解怨共生クッ'クングッ　ハンマダン'がちょうど行われていた。

"・・・すっきりと泣いて逝きなされ。この世に置いていった未練や悔しい濡れ衣はお捨てなさい・・・いくら残忍な歳月、ひどい世の中を生きたからって・・・虚空にさまよう魂、雲の道、風の道にちりぢりとなった魂を集め、骨を結びつなげて、霊と肉をひとつの体に結び・・・堂々と泣いて逝きなされ。私の甥、可哀相な甥よと、叫びながら思い切り泣いて逝きなされ・・・あの世のさらに上の国へ行き、蝶にでも生まれ変わりなされ。涙が罪にはなりませぬ。涙が法にふれ、もう一度死ぬわけがありませぬ・・・"

シンバン(巫者)の切々としたポンプリ(巫歌)の声に、在日1世らは、声を殺し涙をぬぐった。
いつの間にか日が暮れかけていた。クッは夜10時まで続く予定だが、一行は次のスケジュールのために、クッの場から離れねばならなかった。

4·3해원상생굿을 지켜보는 김석범 선생

4·3解怨共生クッを見つめている金石範先生

"제주사람이 아니면 저 심방 소리를 어떻게 알아질까."
굿판을 나와 버스에 오르며 김진횡(조천, 77세, 도쿄방문단, 재일동포 1세) 씨가 말했다.

김진횡

방문소감을 물었더니, 지난 밤 새벽까지 잠을 이룰 수가 없어 4·3에 대한 '심정' 을 적어 봤다며 수첩을 꺼내 읽어준다. 수첩 안에는 가지런한 글씨가 빼곡히 들어차 있었다.

"흔히 사람들은 말합니다. 간 사람 날로 멀어지고 세월이 약이라고들. 하지만 날이 가고 해가 바뀔수록 염념불망(念念不忘)하는 이 있나니 그것은 나서 자란 정다운 산천, 그리운 혈육, 가슴에 깊이 배인 사건들이랍니다. 한라의 굴함 없는 기상이, 원한 품고 가신 이들이, 사무치게 그리워 4·3으로 떠난 땅 4·3으로 되밟아, 엎드려 영령들의 명복을 빌고 소리 없이 울먹이며 용서를 빕니다. …"

심방의 사설을 들으며 얼굴을 파묻고 눈물을 훔치는 방문단

シンバンのことばを聞きながら胸に顔をうずめて涙を流している訪問団

"済州の人でなければ、あのシンバンの言うことが理解できないだろう"
クッの場を離れ、バスに乗りながら金鎮フェンさん(朝天里、77歳、東京訪問団、在日1世)が言った。

金鎮フェン

訪問の感想を尋ねたところ、昨夜は朝方まで眠れず、4·3に対する'心情'を書いてみた、と手帳を出し読んでくれた。手帳の中には几帳面な文字がびっしりと書き込まれていた。

"よく人は言うでしょう。逝った人は日々遠くなり、歳月が薬だと。しかし、日々が過ぎ、年が明けるほど念念不忘なものがあって、それが生まれ育った懐かしい山川、恋しい肉親、胸深く刻まれた事件なのです。漢拏の屈しない気性が、怨恨を抱えて逝った者たちが、骨身に染みて恋しく、4·3で離れた地を、4·3で再び踏み、跪いて英霊の冥福を祈り、静かに涙ぐみながら赦しを請います・・・"

무슨 생각을 하는 걸까. 이복숙 씨의 아들로, 이덕구가 외가의 작은할아버지다.
何を考えているだろうか。李福淑さんの息子で, 李徳九は母方の叔祖父にあたる。

응시
凝視

상념
想念

조천에서 태어난 김진횡 씨는 3·1절 기념대회 발포사건, 4·3사건, 일본으로 밀항, 강제송환, 다시 밀항 등의 과정을 중학생 시절에 다 겪었다.

"3·1운동 기념대회 때 우리들은 돌파를 했어요. 그때 선생님들이 개죽음 말라고 살아서 보자고 말렸죠. 우리들은 원통하고 분했지만 되돌아섰죠. 되돌아서서 삼삼오오 가는데 등 뒤에서 총소리 들렸어요. 그때 여섯 명 숨지지 않았습니까? 우린 못 봤습니다. 나중에 죽었다고 들어가지고…. 그래서 관민 총파업 할 적에 우린 동맹휴학을 했고, 선생님 체포되고, 앞서 나가는 학우들도 체포당하고, 그래서 4·3이 일어나고…. 우리 아버지가 조천에서 구장하고 있었어요. 그래서 우리 집에 선거인 명부가 있었어요. 산에서 와서 선거인 명부 내놓으라고 해서 바쳤죠. 그 뒤에 5·10단선 반대 산에서 했고, 7월 말인가 8월 초에, 그때는 내가 제농 3학년 때인데, 방학이었던가 해서 집에 있었는데…. 무장대에게 습격당하면 반드시 그 다음에 보복이 있었지 않습니까? 습격당했다고 경찰에서 마을 청년들 다 모여 놨어요. 그때 청소년들뿐이었어요. '너 앞에 나와라.' 해서 앞에 나온 사람들은 나중에 트럭에 실어가서 다 총살시켰어요. '아, 이제 다 죽는구나.' 싶었는데 아버지가 새파래져서 달려왔어요. '저거 내 아들이다.' 그래서 살아났어요. 내가 독자였거든! 아버지가 '너만은 꼭 살려야 된다.' 라고 해

진지함

真剣さ

朝天里で生まれた金鎮フェンさんは、3·1節記念大会の発砲事件、日本への密航、強制送還、再びの密航といった過程を、中学生の頃に経験した。

"3·1運動記念大会の時、私たちは突破しました。その時、先生が犬死にするなと、生きて会おうと、止めたんです。私たちは恨めしく思って憤慨しましたが、戻ったんです。戻って三々五々別れて行くと、背中の方で銃声がしたんです。その時、6人が死んだでしょう？私は見れませんでした。後で死んだと聞いて・・・、だから官民総罷業する時に、私たちは同盟休校をして、先生は逮捕され、先頭にいた学友らも逮捕され、そうして4·3が起きて・・・、私のアボジが朝天里で区長をしていました。だから、うちに選挙人名簿がありました。山から降りてきて、名簿を出せというから渡しました。その後、5·10単独選挙反対を山でして。7月末か8月初めに、その時は私が済州農業学校3年の時で、夏休みだったのか家にいて・・・、武装隊に襲撃されると、必ずその後に報復をしたでしょう？襲撃されたからと、警察で村の青年らを皆集めました。その時は青少年だけでした。'前に出ろ'と言われて前に出た人は、後でトラックに乗せられて皆銃殺されました。'ああ、もう死ぬんだ'と思ったら、アボジが真っ青になって走ってきました。'あれは私の息子だ'と。それで助かったんです。私がひとり息子だったん

눈물을 훔치는 방문단

涙を流している訪問団

서 밀항선 타고 일본으로 갔는데 잡혔어요. 큐슈 형무소에선가 2주 동안 살고 강제송환돼 가지고 오니까 며칠 있다 추석이 됐는데…. 그때 보니까 아버지도 위험하게 됐어요. 그래서 아버지하고 둘이 밀항선 타고 떠났죠. 어머니도 나중에 밀항선 타고 오시고…."

김진횡 씨가 일본으로 떠난 때가 1948년 10월. 그 뒤 제주섬에는 강경진압으로 인한 학살의 피바람이 요동쳤다. 김진횡 씨의 사촌형제 셋도 희생됐고, 북촌에 사는 일가들도 많이 희생됐다.
김진횡 씨는 살기 위해 떠나 온 땅 일본에서, 바로 그 '살기 위해 떠났다'는 죄책감에서 벗어나지 못한 채 살아야 했다. 그는 수첩에다 그 심정을 적은 글귀를 읽어주며 울먹였다.

"… 빨갱이 섬 요절내라 덤벼드는 토벌대. 남녀노소 무차별 학살극 처참함 속에서, 나는, 나는 어쨌냐. 학살 직전 요행히 빠

천도의식을 지켜보며

です！アボジが、'お前だけは必ず生き延びないといけない'と。密航船に乗って日本に行きましたが、捕まったんです。九州の刑務所に2週間いて、強制送還されて戻ったら、数日後が秋夕(お盆)だったのですが・・・。その時にはアボジも危険な状況だったんです。だから、アボジとふたりで密航船に乗ったんです。オモニも、後から密航船に乗って来て・・・。"

金鎮フェンさんが日本に向かったのが、1948年10月。その後、済州島では強硬鎮圧による虐殺の嵐が吹き荒れた。金鎮フェンさんの4寸いとこ3人も犠牲となり、北村に住んでいた親戚も大勢犠牲となった。
金鎮フェンさんは、生き延びるために逃れ辿り着いた地である日本で、まさにその'生き延びるために逃れた'という自責の念から抜け出せないまま生きねばならなかった。彼は、手帳にその心情を書いた文言を読んでくれながら涙ぐんだ。

"・・・アカの島をつぶせと襲いかかる討伐隊。老若男女なく、無差別な虐殺劇の凄惨の中で、私は、私はどうしたか。虐殺直

져나와 한 목숨 아깝다고 밀항선 타고 떠난 이 못난 놈. 도피자의 죄책감 맺히고 맺혀 이국의 하늘 아래 고뇌의 무대였던 60년 세월. 황천길 가지 못해 허공에 헤매는 영혼들을 기리며 진혼가 외롭게 부른 밤, 아, 그 얼마였던가."

김진횡 씨는 현재 조국평화통일협회 부회장으로 활동하고 있다.

"도피자의 죄책감으로 그래도 애국애족하자 싶어가지고 민족학교에서 40년 교편 잡았고. 학생들한테 민족분단의 비극, 제주4·3의 이야기를 많이 해줬습니다. 요 한 15년간 통일운동 단체에서 일을 합니다. 간 사람은 날을 따라 버려진다 하지요. 아무리 가슴 아파도 세월이 약이라지만 절대 그런 거 아닙니다. 아까 염념불망이라고 했는데, 정말 생각에서 잊히지 않는 겁니다. 그게 나고 자란 산천이고 혈육이고 4·3사건이죠."

1948년에 떠난 뒤 염념불망하던 고향 땅, 제주에 그가 다시 들어온 것은 54년 만인 2002년 4월. 청년동포 고향방문단으로 들어와 꿈같은 3박 4일을 보냈다고 한다.

"그때도 좋았지만, 이번에는 더 좋습니다. 아버지 생각이 너무 납니다. 아버지가 1994년도에 87세로 돌아가셨어요. 그때 아버지의 심정을 생각해 가지고 비석에 '희구통일(希求統一), 망향한라(望鄉漢拏), 단장낙루(斷腸落淚)' 그렇게 새겨 드렸습니다. 통일을 기리고, 고향을 그리고, 애간장을 태우면서 흘린 눈물 얼마였던가 하는 뜻에서…. 고향에 그렇게 오시고 싶어했는데 한 번도 못 오셨어요. 아버지하고 오고 싶었는데…."

김진횡 씨는 아버지 얘기를 하면서 또 울먹였다. 4·3평화공원에서 위령제를 올릴 때에도 많이 울었다고 했다.

"우선 명복을 빌고, 반면에 용서를 빌었습니다. 도피자의 죄책감으로…. 하나 느껴지는 것은 구호가 화해와 상생 그리고 평화로…인데. 진짜 화해와 상생이 됐겠는가. 어째서 무장투쟁이 일어났는가. 앉아서 죽느니 일어나 싸우겠다 아닙니까. 그런데 그분들 이름은 없죠. 4·3이 정말 화해와 상생으로 간다면 그분들 이름이 있어야 될 거 아닙니까. 양쪽 다 아까운 목숨 버렸는데…. 왜 서청 대청 그런 사람들은 국가유공자가 되고, 억울하게 죽은 소위 무장대에 속한 사람은 왜 거기에 이름 하나 없나, 불공평하다, 이런 생각이 듭니다. 진짜 4·3이 해결되려면 그리 돼야지 않겠는가…."

방문단 일행을 태운 버스가 제주시 해안도로변에 있는 한 음식점 앞에 도착했다.
저녁식사가 끝날 무렵, 4·3 문화예술축전 전야제에서 노래를 불렀던 제일동포가수 이정미 씨가 방문했다. 이정미 씨의 노래 선물이 이어지고, 신바람이 난 일행은 덩실덩실 춤을 추며 한바탕 즐거운 시간을 보냈다.

前に運良く逃れ、命が惜しいと密航船に乗って逃げたこの駄目な奴。逃亡者の自責の念に苛まされ、異国の空の下、苦悩の舞台だった60年の歳月。あの世に逝けず虚空にさまよう霊魂を称え、鎮魂歌をひとり歌う夜。ああ、どれほど長かったことか”

金鎮フェンさんは現在、祖国平和統一協会の副会長として活動している。

“逃亡者の自責の念から、それでも愛国愛族しようと思い、民族学校で40年間教鞭を取り、学生らに民族分断の悲劇、済州4·3の話をたくさんしました。この15年ほどは、統一運動団体で働いています。逝った人は時が経つにつれて忘れられると言うでしょう。どんなに胸が痛くとも。歳月が薬だとは言うけれど、決してそうではありません。さっき念念不忘と言いましたが、まったく頭から消えないのです。それが生まれ育った山や川であり肉親であり、4·3なのです”

1948年に離れた後、念念不忘の故郷の地であった済州に、彼が再び帰ってきたのは、54年ぶりの2002年4月。青年同胞故郷訪問団に入って、夢のような3泊4日を過ごしたという。

“その時も良かったが、今回はもっと良かった。アボジのことがとても思い出されます。アボジは、1994年に87歳で亡くなりました。その時のアボジの気持ちを考えて、墓石には‘希求統一、望郷漢拏、断腸落涙’と刻んで差し上げました。統一を願い、故郷を想い、胸を焦がしながら流した涙はいかほどだったのか、という意味で・・・。故郷にあんなにも来たがっていたのに、一度も来ることができませんでした。アボジと一緒に来たかったのに・・・”

金鎮フェンさんは父親の話をしながら、また涙ぐんだ。4·3平和公園での慰霊祭の時にも、たくさん泣いたという。

“まず冥福を祈り、一方で赦しを請いました。逃亡者の自責の念から・・・。ひとつ感じたのは、スローガンが和解と共生、そして平和に・・・ですが、本当に和解と共生が可能なのか。なぜ武装闘争が起きたのか。何もしないで死ぬくらいなら、立ち上がって闘おうということだったんです。それなのに、その人たちは名前さえない。4·3が本当に和解と共生へ向かうなら、その人たちの名前があるべきじゃないですか。どちらも皆、惜しい命を失ったのに・・・、なぜ西北青年会、大同青年会、そういう人たちは国家遺功者となり、無念に死んだいわゆる武装隊に属する人は、なぜあそこに名前さえないのか。不公平だ。そう思います。本当に4·3が解決されるなら、そうしないといけないのでは・・・”

訪問団一行を乗せたバスが、済州市海岸道路沿いにある飲食店の前に到着した。夕食が終わる頃、4·3文化芸術祝典の前夜祭で歌を歌っていた在日歌手、李静美さんが訪ねてきた。李静美さんの歌のプレゼントが続き、興にのった一行は、軽やかに踊り、ひとしきり楽しい時間を過ごした。

8시 30분, 라마다 호텔 2층 로비.
오광현 씨가 오사카 방문단 일행을 챙기느라 바삐 움직이고 있었다. 현재 재일본 유족회 사무국장 일을 맡고 있는 그는 재일동포 2세다. 중문 하원 출신의 아버지와 작은아버지가 일제강점기 때 일본으로 갔다고 한다.

"해방되고 많은 동포들이 제주도에 돌아왔죠. 저희는 작은아버지가 '먼저 귀국하겠습니다. 다음에 제주도에서 만납시다.' 했는데…. 목포형무소에서 돌아가셨다는 것도 2년 전에야 알았어요. 그전까지는 행방불명으로…. 해방 전에 일본에 간 사람들도 4·3사건에 희생된 친인척분들이 있기 때문에 우리 재일동포 입장에서 다 유족이에요. 요번에 오신 할머니들은 다 4촌 이내 희생자가 있어요. 저는 이번이 다섯 번째 방문이니까 행사 자체보다 행사에 참가하고 있는 할머니들의 모습을 보고 있었어요. 심방 굿 보고 다 울었어요."

올해 여든일곱인 애월 하귀 출신 김수택 씨도 해방 전에 일본으로 건너갔다. 그리고 일본에서 4·3사건으로 큰아버지가 희생됐다는 소식을 들었다고 한다.
"열여섯 살 때 일본으로 갔주. 자주 왔다갔다했지만 4·3기념식은 처음 봤어. 심방 굿하는 거 보멍[보면서] 막 울언[울었어]."

구좌 김녕 출신인 김순기 씨도 일본에서 4·3사건 소문을 들었다고 한다. 올해 여든한 살인 그는 '일본말'과 '옛날 제주말' 밖에 할 줄 모른다고 했다.

"어릴 때 저기 가서 커놓으니까 옛날 말밖에 몰라. 열 살 때 일본 갔어. 아버지가 일본 살다가 다니러 와네[와서] 다시 가멍[가면서] 형제간보고 따라갈래 하니까, 아무도 안 간다고…, 나만 따라갔어. 4·3사건 얘기 일본에서 들언[들었어]. 4·3 때 친척들 많이 죽었어. 나의 사촌들 죽고, 아시네[동생네] 시아버지, 시동생 죽고…. 4·3사건, 눈으로 아니 보니까 상상만 했주. 경헌디[그런데] 직접 왕 공원에 강 보난[보니까] 저 가족들 얼마나 속이 아프고 눈물이 나고 해시카 허연[했을까 해서] 굿 보멍 막 울언. 그때 죽은 사람들 이 굿 받으멍 기분이 호끔이나[조금이나마] 틀려져신가[(마음이) 달라졌을까]…."

8時30分、ラマダホテル2階ロビー。
呉光現さんが、大阪訪問団一行をまとめるのに忙しく動いていた。現在、在日本遺族会事務局長を担当している彼は、在日2世だ。中文河源出身の父親とその弟が、植民地時代に日本に渡ったという。

“解放され、多くの同胞らが済州島に戻ったでしょう。うちはアボジの弟が、‘先に帰国します。後で済州島で会いましょう’と言っていたのに・・・。木浦刑務所で亡くなったということも、2年前にわかったんです。その前は行方不明だって・・・。植民地期に日本に行った人も、4·3事件で犠牲となった親戚がいるから、私たち在日の立場では皆、遺族です。今回いらっしゃったハルモニたちは皆、4寸以内に犠牲者がいます。私は今回が5回目の訪問ですから、行事そのものというより、行事に参加しているハルモニたちの姿を見ています。シンバンのクッを見て、皆泣いていました”

今年87歳の涯月邑下貴里出身の金水澤さんも、解放前に日本に渡った。そして4·3事件で父親の兄が犠牲になったということを、日本で聞いたという。
“16歳の時、日本に行った。しょっちゅう行ったり来たりしたけど、4·3記念式は初めて見た。シンバンがクッするのを見て、すごく泣いたよ”

旧左邑金寧里出身の金順奇さんも、日本で4·3事件の噂を聞いたという。今年81歳の彼は、‘日本語’と‘昔の済州語’しかわからないという。

“子供の頃向こうに行って育ったから、昔の言葉しかわからない。10歳の時に日本に行った。日本に住んでたアボジがこっちに来たんだけど、また(日本に)戻りながら、兄弟に、一緒に行くかと聞いたんだけど、誰も行かないと言って・・・。私だけついて行ったんです。4·3事件の話は、日本で聞いた。4·3の時、親戚がたくさん死んだ。私の4寸も死んで、妹の舅と義理の弟も死んで・・・。4·3事件、この目で見てないから想像だけ。それが直接来て、公園に行ってみて、あの家族らはどんなにつらくて泣いただろうと思って、クッ見ながらすごく泣いたよ。あの時、死んだ人たちがこのクッをしてもらったら、気分が少しでも違ったかなと・・・”

4·3연구소의 증언 채록에 응하는 고난희 씨
4·3研究所の証言採録に応じている高蘭姫さん。

60년을 건넌 사람들

밤 9시. 방문단 일행은 저마다 방으로 들어가 버렸다. 무척 고단할 텐데 싶어 죄송스러웠지만 장윤식, 김명주, 송지은 씨 등 (사)제주4·33연구소의 연구원들과 함께 몇몇 방으로 찾아가 만나 보았다.

방정옥

도쿄 방문단으로 온 방정옥 씨는 소녀 같은 목소리로 차분차분 지난날들 얘기를 풀어놓았다.

방정옥 씨가 4·3 당시 상황에 대해 이야기하고 있다.
方正玉さんが4·3当時の状況を話している。

60年を越えた人々

夜9時。訪問団の一行はそれぞれの部屋に入ってしまった。とても疲れているはずだから申し訳なかったが、張ユンシク、金ミョンジュ、ソンジウンなど、(社)済州4·3研究所の研究員らと共に、いくつかの部屋を訪ねた。

方正玉

東京訪問団として参加した方正玉さんは、少女のような声で、静かに過ぎた日々の話をしてくれた。

"내가 1937년생이니까 우리 나이로 올해 일흔두 살. 김녕초등학교 5학년 때 4·3사건이 났어요. 그 전 해 3월 1일, 김녕에서 사람들 머리에 흰 띠 두르고 거리 돌아다니는 거 봤어요.
아버지가 김녕우체국장 했었어요. 우리 아버지, 3·1운동 때부터 1년 동안 몇 번 잡혀가서 옥에 갔다가 나오고. 4·3사건 나던 해 여름인가 가을에 아버지가 목포로 전근했어요. 외사촌언니랑 아버지 친구들 잡혀가서 총살당하고 했기 때문에 급하게 목포로 자진해서 간 거 같아요. 그때 우리가 6남매였는데, 어머니랑 셋은 데리고 가고 셋은 성할머니[친할머니]한테 맡겨두고.
가끔 가다 비겁했었지 않았나 생각도 되지만, 아버지는 그런 뭐가 아니었던 거 같아. 여기서 제주사람들 육지 형무소 보냈잖아요. 형을 마치면 목포 우리 집에 들르는 사람들이 많았어요. 그러면 아버지가 돌봐주고 차비 마련해주고 그랬어요.
목포에서 어머니가 막내동생을 낳았어요. 그래서 데리고 갔던 동생 하나는 제주로 보내고, 어머니는 젖먹이를 데리고 일본으로 가셨어요.
6·25가 터지고 두 달 만에 목포까지 점령됐는데, 그때 아버지가 행방불명…. 남은 형제는 제주에 가고, 아무도 없는 데서 나 혼자 아버지를 기다렸어요. 반년쯤 기다리다가 제주로 들어와 동생들 돌보며 살았어요.
오빠는 들어왔을 때 빨갱이라고 잡혀갔는데, 방 씨가 드물잖아요. 위에 계시는 분이 마침 방 씨였나봐요. 같은 방 씨니까 보내주면서 도망가지 말고 집에 가 있으라고 했는데, 일본으로 가버렸어요.
내가 여기 있는 동안 고생 많았어요. 형사들이 따라다녔어요. 아버지 소식이 없냐고. 아버지는 여기 있을 때부터 경찰들 따라다니고 그랬어요."

독실한 천주교 신자였던 방정옥 씨는 신앙의 힘으로 이런저런 어려움을 견딜 수 있었다고 했다.
방정옥 씨가 스물아홉 살 나던 해, 오사카와 제주를 오가던 무역선 선장이 청혼을 했다.
일본인이었는데, 일 때문에 제주에 왔다가 몹시 아팠을 때 방정옥 씨가 돌봐주었던 게 인연이 되었다. 성당의 신부님 등 주변에서 국제결혼이 얼마나 힘든 일인데 그러느냐고 말렸지만 방정옥 씨는 밀항선을 타기 위해 부산으로 갔다.

"부산에 가서 2개월인가 기다렸다가 뗏마배 탔는데, 타서 보니까 사람이 얼마나 많은지. 뚜껑을 닫은 배 속에 꽉 끼어서 몇 명인지 누구인지도 모르고 다음날 저녁 때까지 현해탄을 겨우 건넌 거야. 그때 배에 탄 사람 다 죽을 뻔했어. 바람 부니까 배가 풀잎처럼 흔들려. 나무배니까 갈라지기 시작하고 물 들어오고, 주변엔 섬도 없고 배도 없고 온통 바다뿐이고, 파도는 치고. 어쩌다 배가 지나가니까 누가 옷을 막 흔들었나 봐. 그 배에서 놀라가지고 일본 경비대에 무전을 쳤는지, 30분 만에 경비정이 온 거예요. 옮겨 태우면서 사람 수를 세는데, 계속 나오는 거야. 사람 수를 세고, 세고. 내가 제일 뒤에 붙어 있었는데, 배를 막 옮겨 탔는데 뒤에서 펑 소리가 나요. 보니까 배가 눈앞에서 가라앉아. 조금만 늦었어도 죽을 뻔했지요. 일본에 가자마자 넉 달 동안 재판받으면서 이 감옥, 저 감옥 돌아다녔어요. 그렇게 하는 동안에 지금 남편이 먼저 가 있었으니까 결혼식은 안 했지만 호적 만들어두어서 체류자격증을 받고 일본에서 살게 됐지요."

아이들을 낳아 키우면서 생활이 어느 정도 안정되자, 방정옥 씨는 1989년부터 노동자, 특히 미등록 노동자들의 권익을 보호하는 일에 뛰어들었다. 미등록 한국사람들, 특히 제주사람들을 위해 일을 하고 싶었던 것이다.

“私が1937年生まれだから、韓国の年で今年72歳。金寧小学校5年生の時に4·3事件が起きました。その前の年の3月1日、金寧では皆が頭に白い鉢巻きを巻いて、通りを歩くのを見ました。
アボジが金寧郵便局長をしてた。アボジは3·1運動の時から1年の間に何度も捕まって、監獄に入っては出て。4·3事件の起きた年、夏か秋頃、アボジが木浦に転勤になりました。母方のいとこの姉さんと、アボジの友達は捕まって銃殺されたから、急いで木浦に自ら進んで行ったんだと思う。その時、私は6人兄弟で、オモニと3人は連れて行って、3人はハルモニに預けて。時々、卑怯だったんじゃないかって思うこともあるけど、アボジはそういうのじゃなかったみたい。ここで済州の人を陸地(本土)の刑務所に送ったじゃない。刑が終わると、木浦で私の家に寄る人もたくさんいました。そうするとアボジが面倒みてやって、交通費を工面したりしていました。
木浦でオモニが末の兄弟を産みました。そのため、連れて行った妹をひとり済州に帰らせて、オモニは乳飲み子を連れて日本に行きました。
6·25朝鮮戦争が起きて、2ヶ月で木浦まで占領されたんだけど、その時にアボジが行方不明に・・・。残った兄弟は済州に戻って、誰もいない所で私ひとりアボジを待ちました。半年くらい待って、済州に戻って兄弟の面倒をみながら暮らしました。兄は、戻って来た時にアカだと言われて捕まったんだけど、方氏って珍しいでしょう。上の偉い人が、ちょうど方氏だったみたい。同じ方氏だから出してくれて、逃げないで家でじっとしていろと言ったけど、日本に行ってしまいました。
ここにいる間は、本当に苦労しました。刑事がついてまわるんです。アボジから連絡はないかって。アボジは、ここにいる時から警察がついてまわりました“

篤実なカトリックの信者だった方正玉さんは、信仰の力でさまざまな困難に耐えることができたという。
方正玉さんが29歳の時、大阪と済州を往来する貿易船の船長がプロポーズをした。
日本人だったが、仕事のために済州に来て病気で苦しんでいた時に、方正玉さんが看病をしたのが縁となった。教会の神父やまわりからは、国際結婚がどれほど大変か、と止められたが、方正玉さんは密航船に乗るために釜山に向かった。

“釜山に行って2ヶ月くらい待って、伝馬船に乗ったんだけど、乗ってみたら人がなんて多かったか。蓋を閉めた船の中にぎゅうぎゅうにつまって何人なのか、誰なのかもわからなくて、次の日の夕方までに玄界灘をやっと渡ったの。その時船に乗った人は、皆死ぬところだった。風が吹くから、船が木の葉みたいに揺れて、木の船だから割れ始めて水が入って、周りに島もないし、船もないし。ただ海だけで、波は強いし。やっと船が通りかかったから、誰かが服を振ったみたい。その船のほうで驚いて、日本の警備隊に無線を打ったのか、30分後に警備艇が来たのよ。乗り移る人の数を数えるんだけど、ずーっと出てくるのよ。数を数えながら、私が一番後ろにくっついて船に乗り移ったら、後ろからポンと音がするの。見たら、船が目の前で沈んでいった。少しでも遅れてたら死ぬところだったわ。日本に着いて、すぐに4ヶ月間裁判を受けながら、こっちの監獄、あっちの監獄とまわって。そうしている間に、今の夫が先に行ってたから、結婚式はしてなかったけど戸籍を作ってくれて、滞留資格証をもらって日本に住むようになったの”

子供を産み育てながら、生活がある程度安定すると、方正玉さんは1989年から労働者、特にオーバーステイの労働者の権益を保護する活動に参加した。オーバーステイの韓国人、特に済州の人のために働きたかったのだ。

고란희 씨
高蘭姫さん

방정옥
方正玉さん

"요코하마에 인력노동자들, 말하자면 인간시장 그런 데가 있어요. 새벽 4시쯤에 나가서 팔려나가는 거예요. 그런데 다른 나라 사람들은 부당한 일을 당하면 찾아오는데 한국사람은 그렇게 많은데도 안 찾아온다는 거예요. 반공교육을 받았기 때문에 일본 가서 친절한 사람은 조총련이라고 해서 산재 당하고 다리가 부러져도 안 오는 거죠. 힘든 일, 일본에서는 3K라고 하는데, 한국에서부터 일하시던 분들이면 하는데 안 하던 분들이라 힘들죠. 힘드니까 소주 마시고 그냥 잠들었다가 아침에 나가요. 유일한 음식은 점심 도시락 내주는 거. 아무리 건강한 사람이었어도 병들어요. 돈 많이 벌 때는 많이 보내기도 했지만, 이제는 일하고 싶어도 일이 없어요. 차비가 없어서 고향에 못 가시는 분들이 많아요. 돈 보낼 때는 좋다고 했을 텐데, 돈 못 보내고 끊기면, 더구나 아파서 그런다고 하면 모른다고 하는 가족들이 많습니다. 교통사고, 일하다가, 맞아서, 암, 별의별 사례가 많습니다. 산재처리, 돈 받아드리고, 아픈 사람들 병원 찾아서 보내고, 제주도 데리고 오고 그런 일을 합니다. 저를 통해서 제주에 온 사람이 적어도 100명 이상 있어요."

방정옥 씨는 일본으로 나간 지 십몇 년 만에 제주도에 다녀가기 시작했다. 노동 관련 일도 있었지만 4·3 행사를 보기 위해 여러 번 다녀갔다고 한다.

"많이 왔어요. 동경 같은 데서 4·3행사 한다 그러면 못 참석하겠습니다 해서 제주 왔으니까. 4·3행사, 난 몰래 다닙니다. 50주년에 왔을 때도 나 혼자 찾아다녔죠. 혼자 빙빙 돌다 참석하고. 이번에 제일 많이 울었어요. 이번에 와서 안내해주시는 분이 사촌언니 이름을 찾아줬어요. 4·3을 되돌리려는 사람들이 있다는 말을 듣고 마음이 무척 괴로웠어요. 마음이 아파요."

이화순

오사카 방문단으로 온 여든 살 이화순 씨는 김녕 출신이다. 이화순 씨 역시 '옛날 제주말'로 4·3과 얽힌 젊은 시절의 기막힌 이야기들을 풀어놓았다.

이화순 씨는 김녕에 있을 때 4·3사건을 겪었고 사람들이 많이 죽었다는 것은 알고 있었지만, 그렇게나 많은 사람이 죽었다는 것은 이번에 평화공원 위패봉안소에 가서 보고 처음 알았다고 한다.

"나 있을 때는 김녕은 많이 안 죽었어. 징역에 갔당 나온 사람 두 사람하고 열 명도 안 죽었어. 우리 집이 지서 앞에 있었는데, 동복서 온 사람 다 들여[들여놓고], 올래[제주 전통가옥의 입구] 담 구멍으로 지서 앞에 보니, 총 멘 놈 한 사람하고 하르방하고 같이 나갔는데, 총소리 나난 하르방은 돌아오지 않았는데, 순사는 돌아오는 건 봐집디다. 그리고 원 뭐이기(이번에 같이 방문한 원동일 씨의 아버지) 씨, 그 사람네 어멍[어머니]하고 누이하고 산에 올라간 거 심엉 왕[잡아 와서], 누이는 아직 처녀인데 이쁘댄 죽이지 않으고, 어멍은 지서 앞으로 데려왕[데려와서] 밭에 데려가. 순사는 돌아왔는데 어멍은 안 돌아왔주. 그렇게 행 죽이는 거 알았고, 동복마을 불타부난 사람들 김녕 왕 많이 살았주만. 밭에 강 세워 죽였댄 허고[죽였다고 하고], 집들 불붙여 불고 해부난[해버리니까] 그건 알았지만, 여기 왕 깜짝 놀랐어. 이렇게 많이 죽었구나!"

이화순 씨는 스무 살, 그 4·3이 전개되는 와중에 열아홉 살의 박춘규와 김녕에서 결혼식을 올렸다.

“横浜に日雇い労働者、つまり人間市場みたいな所があるんです。朝4時頃にそこに行って売られていくんです。ところが、他の国の人たちは不当な目にあえば訪ねてくるんですが、韓国人は大勢いるのに訪ねて来ないんです。反共教育を受けたため、日本で親切な人は総連だと思って、労災にあっても足が折れても来ないのよ。つらい仕事、日本では3Kっていうんだけど、韓国にいる時からそういう労働をしてた人ならできるけど、したことない人はつらいでしょう。つらいから焼酎を飲んで、そのまま寝て朝でかけるんです。食事はお昼のお弁当だけ。どんなに健康な人でも病気になります。稼ぎがいい時はたくさん送金したけど、今は働きたくても仕事がありません。交通費がなくて、故郷に帰れない人も多いんです。お金を送る時は喜んだはずなのに、送金できなくなって、さらには病気だというと、知らないという家族も多いんです。仕事の途中で交通事故にあったり、ガン、ありとあらゆる事例があります。労災処理をして、賃金を請求して、病気の人は病院を探して連れて行き、済州に連れてくる。そういう仕事をしています。私を通じて済州に帰って来た人は、少なくとも100人以上います”

方正玉さんは、日本に渡って10数年経ってから済州に往来するようになった。労働関連の仕事もあったが、4·3の行事を見るため、何度か来ていたという。

“たくさん来ました。東京なんかで4·3行事をするといっても、参加できませんと言って、済州に来ていたんだから。4·3の行事にはこっそり参加しました。50周年の時も、ひとりでこっそり来ました。ひとりであちこちまわって参加して。今回が一番たくさん泣きました。今回来て、案内してくれた方が、4寸のお姉さんの名前を探してくれました。4·3を否定しようという人がいると聞いて、胸がとても苦しかったです。胸が痛いです”

李花順

大阪訪問団として参加した80歳の李花順さんは金寧里出身だ。李花順さんもやはり、‘昔の済州の言葉’、で4·3にまつわる若い頃のやりきれない話を語ってくれた。

李花順さんは金寧にいる時に4·3事件を経験し、人がたくさん死んだということは知っていたけれど、そんなにも多くの人が死んだということは、今回の平和公園の位牌奉安所に行ってみて初めて知ったという。

“私がいる時には、金寧ではそんなに死んだ人はいない。懲役に行って出てきた人ふたりと、10人も死ななかった。うちが警察支署の前にあったんだけど、東福里から来た人たちをそこに入れていた。家の石垣の穴から支署の前を見ると、銃を持った人ひとりとおじいさんが一緒に出かけて行った。銃声がして、おじいさんは戻って来なくて、巡査が戻って来るのは見えた。そして元なんとかっていう人(今回の訪問団の元東一さんの父親)、その人のオモニと妹が山に登っていたのを捕まえて来て、妹はまだ娘でかわいいからと殺さないで、オモニは支署の前に連れて来て、畑に連れて行った。巡査は戻って来たけど、オモニは戻らなかった。だから殺したとわかって。東福里が燃えてしまったから、その村の人がたくさん金寧に来て住んでいた。畑に連れて行って立たせておいて殺したって。家に火をつけてしまったから、そのことは知ってたけど。ここに来てとても驚いた。こんなにたくさん死んだなんて！”

李花順さんは20歳、その4·3が展開される最中、19歳の朴チュンギュと金寧で結婚式を挙げた。

"그 사람 학교 졸업하고 청진인가 당[친척] 있으니까 가서 김일성 만나러 만주 가젠 허는 거 당들이 심엉 제주도로 보내부난[보내버리니까] 할망들 작은아방들이 장가 가야 한덴 허연, … 경찰에 고발돼가지고 거기 들어강 이신디[들어가 있는데] 결혼식 때문에 이틀 나왔다가 들어간 며칠 만에 또 나왔는데…. 창문으로도 문 열엉 대창 들은 사람이 몇 사람 들어오고, 상방문 열엉[제주전통가옥의 윗방 문을 열고] 지게문으로도 몇 사람 들어오고 행[해서] 심어간[잡아갔어]. 그때 광주(형무소)인가로 징역 가고 (남편과 같이 잡혀갔던) 스무 살 난 사람은 인천, 김녕사람인디 그 사람은 스물여섯. 여섯 달 사난 이승만 대통령이 몬딱[전부] 내놔불랜 허난[풀어주라고 하니까] 남편은 당, 사촌도 있고 하니 서울 가고, 앞에 두 사람은 제주도 들어왔는데 조사행[조사해서] 밭에서 죽여 버렸어. 남편은 사촌들이 제주에 들어가지 말랜[말라고] 하니까 서울에서 안 오고, 난 혼자 제주에 사는데 편지로 육지로 나오라고…. 시할머니가 (나가면) 살지 못한다고, 살림해야 한다고 해서 (못 나갔어.)"

6·25가 일어나고 남편 소식은 끊겨버렸다. 이화순 씨는 거제도에 포로병들을 모두 가두었다는 소문을 듣고 남편을 찾으러 혼자 거제도에 갔다고 한다.

"산고개 넘으멍[넘으면서] 혼자 찾아갔는데, 거기서 (김녕)마을사람 만나젼[만나게 됐어]. 어떵핸 완디[어떻게 왔느냐], 춘규 여기 와 있댄 허난 와수대[있다고 하니까 왔습니다], 경허민 무사 나 모르느냐[그랬으면 왜 내가 모르겠느냐], 안 왔다고 행 돌아완[돌아왔어]."

이화순 씨는 1년 만에 다시 거제도로 나간다. 그리고 부산에서 남편을 만났지만 하룻밤도 함께 있어보지 못하고 또 헤어졌다.

"내 벗들이 물질행[물질해서] 돈 벌어오겐 허연 거제도 강 한 해 물질행 돈 벌엉 부산에 사는 이모한데 가 있는데, 남편이 나 만나러 부산에 와서 몇 해 만에 만났는데, (헤어질 때는) 지레[키]도 작았었는데, 지레도 막 커불고[커버리고], 만나도 서로 말할 일도 없고. 말도 부치러웡[부끄러워서] 골지도[얘기하지도] 않고, 이녁 부모님 집이나 같으면 방이나 있어서 잠이라도 자고 말도 할 건데, 그러지도 못하고. 한 동네어른 집에 날 불렁[불러서], (그 어른이 남편에게) 사건에서 잡히면 죽어질 거난[거니까] 일본으로 몸 피하라고. 셋이 앉았는데, 내가 하도 울어젼…. 그 어른이 하는 말이 '각시 우는 눈물 잊어버리지 말라, 잊어버리면 너 사람 안 된다.', (남편이) '알았습니다.' (남편이) 뒷날 가면서 (나에게) 5년 동안만 살암시민[살고 있으면] 통일된다고 5년 뒤에 만나자고…. (그 뒤 남편은) 3·8선 넘엉[넘어서] 북조선 가버렸어. 나는 물질행 돈 벌어지난 제주도 가카 허단[갈까 하다가] 부산에서 일본에서 온 시누이 만난. '형님 나 일본 데려다 줍서.' 하곤 (물질로 번 돈으로) 차비 해서 일본 갔는데. 사흘 동안 간. 다른 사람은 잡히기도 했다는데 영[이렇게] 쉽게 와지는 거로구나…."

그렇게 해서 스물세 살 때 일본으로 건너가 살게 된 이화순 씨는 어느 날 일본에서 우연히 남편 친구를 만났다.

"일본에 밀항으로 간 그 사람 동무가 있어. (나를 만나더니) 아주머니 북조선 가라고. 내가 우리 오빠 만나 애기하니까, 그 사람 살아 있으면 좋지만 죽어 없으면 누가 거기 있느냐고 해서 가지 않았어."

“あの人は学校を卒業して、清津だったかに親戚がいるから、そこに行って金日成に会いに満州に行くっていうのを、親戚らが捕まえて済州島に送ったから、ハルモニや舅の弟らが結婚させないと、と言って・・・警察に告発されてそこに入ってたんだけど、結婚式のために2日間外に出て、また入って、数日後にまた出て・・・。窓からも竹槍持った人が何人か入って来て、上の部屋の戸を開けて何人か入って来て、捕まえて行った。その時、光州かどっかに懲役に行って、(夫と一緒に捕まった)20歳になる人は仁川に。金寧の人だけど、その人は26歳。6ヶ月いて、李承晩大統領が全員釈放しろというから、夫は親戚や4寸のいとこもいたからソウルに行って、他のふたりは済州に戻って来たけど、調査して畑で殺してしまった。夫は4寸らが済州に戻るなというから、ソウルから来なくて。私がひとりで済州に住んでたら、手紙が来て、陸地(本土)に来いと・・・。夫のハルモニが(行ったら)生きていけないと言って、家事をしないといけないと言うので(行けなかった)”

6·25朝鮮戦争が起きて、夫との連絡が途絶えてしまった。李花順さんは巨済島に捕虜兵を皆収容したという噂を聞いて、夫を探しにひとりで巨済島まで行ったという。

“山を越えながらひとりで探しに行ったんだけど、そこで(金寧の)村の人に会った。どうして来たんだって言うから、チュンギュがここにいるって聞いたから来ましたって。それだったら私が知らないはずがない、ここにはいない、と言うから戻ってきた”

李花順さんは1年後、再び巨済島に行く。そして釜山で夫に会うが、一晩も一緒にいられず、また離れ離れとなった。

“友達が海女をして稼いで来ようというので巨済島に行ったある年、海女で金を稼いで釜山に住むオモニの姉妹の所にいたら、夫が私に会いに釜山に来て、数年ぶりに会ったんだけど、(別れる時は)背も低かったのに、背も高くなって、会っても互いに話すこともなくて。恥ずかしくて何も言えなくて、自分の親の家だったら、部屋でもあれば一緒に寝て話でもするけど、そういうわけにもいかないし。近所の老人の家に私を呼んで、(その老人が夫に)事件で捕まれば殺されるから、日本に逃げなさい、と。3人で座ってたんだけど、私があまりにも泣くから・・・。その老人が言うには、‘奥さんが泣く涙を忘れるな。忘れたら人間じゃない’と。(夫は)‘わかりました’と。(夫が)次の日に発ちながら、5年だけ待っていれば統一されるから、5年後に会おう、と・・・。(その後、夫は)38度線を越えて北朝鮮に行ってしまった。私は海女をして稼いだから、済州島に帰ろうかと思ったけど、釜山で日本から来た夫の姉に会って、‘姉さん、私を日本に連れて行ってください’と頼んで、(海女で稼いだ金を)交通費にして日本に行った。4日で着いた。他の人は捕まったりしたのに、こんなに簡単に来れるんだなあ、と・・・”

こうして23歳の時に日本へ渡り、暮らすようになった李花順さんは、ある日、日本で偶然に夫の友人に会った。

“日本に密航した夫の友達がいる。(私に会って)奥さん、北朝鮮に行きなさいって。それで私が兄さんに会って相談したら、夫が生きてれば良いけれど、死んでいたら誰もいないじゃないかって言うから、行かなかった”

그리고 몇 년 있다 남편의 편지를 받았다.

"살앙 북조선에 있노랜[있다고 했어]. 장가도 가고 딸자식도 있고. 아, 이젠 그디[거기] 사람 되붉[돼버릴] 거구나 하는데, 우리 시누이가 하는 말이 시집장가 가도 아무 일도 없었으니 처녀로 시집 가진덴[갈 수 있다고 했어]. 우리 오빠네도 (나를) 가만 나두지 않아. 나 혼자 방 빌엉 살멍[빌려 살면서] 일하러 다니니까, 오빠가 와 울고, 불쌍스럽댄. (그래서 결혼을 하게 되고) 나도 딸 세 형제가 있습니다. … 김대중 대통령 때인가, 북조선 방송으로 남조선에 구좌면 김녕 박춘규 … 방송에서 살아 있다고 하니, 남이 되었어도 막 기뻤어. 그때 아는 사람들이 나를 보더니, '좋지 않으냐', 난 목 메언 말하지 못했어."

고란희

오사카 방문단으로 온 고란희(79세, 조천 신촌) 씨는 4·3 때 비밀문서를 연락하는 일을 했다.

"문서를 머리카락 속에 감고, 보리낭[보릿짚] 속에 넣고 해서 연락하곤 했어요. 경찰에 잡혔어. 어디 가느냐고. 고모네 집에 가요. 왜요? 때리고 야단했으면 그거 떨어져서 발각됐을 텐데 그땐 그렇게는 안 했어. 그러냐고 해서 함덕까지 가고 함덕 고모네 집에 자곤 했습니다. 너무도 가슴 아프고 죄가 많아 못하는 말은, 그때 …나를 나오라고 해서 나갔어. 가보니 샛질[골목길]에 순사가 하나 있었어. 순사를 데리고 담 뒤로 들어가면서 망보라고. 남자들 서이가 나하고 망봤어. 누가 오면 얼른 가리키는 역할을 했습니다. 그런데 그 뒷날 마을에서 우숭숭해. 누가 밤중에 와 가지고 (순사를) 죽였다…. 아, 어저께 나 거기서 망봤는데 그렇게 죽이러 간 것이었구나…. 그것도 몰라요. 오늘 이 사람 죽이러 간다 그런 말은 안 하거든, 같은 동기라도. 그 뒷날 알았습니다."

고란희 씨는 경찰에게 포위당해 잡힐 위기에 있기도 했지만 울담을 뛰어넘어 도망갔다. 날이 갈수록 경찰의 단속이 심해졌고, 아버지는 딸이 위험해질까 봐 일본으로 가는 밀항선에 태웠다. 배에는 5~60명쯤 되는 사람들이 타고 있었다.

"그때가 7월이었는데, 아버지가 '네가 일본에 가서 사촌오빠네 집이나 외삼촌 집에 가 있으면, 아버지는 소하고 말 먹일 촐[꼴] 비어다 눌어서 마련해놓고 10월쯤 가겠다.' 하며 나를 보냅디다. 원당오름 아래에서 밀항선에 올랐는데, 정말 잊을 수가 없는 게, 이덕구 씨랑 김대진 씨가 배에 왔어요. 와서 하는 말이 '너희들 지금 이 시대에 어딜 도망치려고 하느냐. 자기 나라를 떠나면 나쁜 사람이다. 양심이 있으면 지금 내려라.' 그렇게 자꾸 호소를 해요. 두 번 다시 한국에 못 들어온다 합디다. 그 말이 제일 가슴이 아파요. 너희들은 도피자다, 도피자가 어떻게 제주도에 들어올 수 있겠느냐, 그랬어. 나는 내릴까 그대로 갈까, 아버지가 없는 돈으로 배 선비를 먼저 물었으니까 타고 가야지, 돈도 못 받고 이거 안 된다, 이거 내리면 내가 죽는 거 아닌가, 내가 무엇이 잘못인가. 그렇게 마음속으로 생각을 해서, 그대로 일본으로 떠났어요."

そして数年後、夫から手紙が届いた。

“生きて北朝鮮にいるって。結婚もして娘もいるって。ああ、もう向こうの人になったんだと思って。夫の姉さんが言うには、結婚しても何もなかったから、初婚として嫁に行けるって。うちの兄さんも(私を)ほっておかなかった。私ひとりで部屋を借りて住みながら仕事に行ってたから、兄さんが来て泣いて、かわいそうだって。(だから結婚することになって)私も娘3人います・・・金大中大統領の時だったか、北朝鮮のテレビに南朝鮮の旧左面金寧の朴チュンギュ・・・テレビで生きてるっていうから、他人になったけど、とても嬉しかった。その時、知り合いが私を見て、‘嬉しくないの？’って。咽喉がつまって何も言えなかった”

高蘭姫

大阪訪問団として参加した高蘭姫さん(79歳、朝天邑新村里)は、4・3当時、秘密文書の連絡員をしていた。

“文書を髪の毛の中に隠したり、麦藁の中に入れたりして連絡していました。警察に捕まったの。どこに行くんだって。叔母の家に行くんですけど？って。殴られたりしたら、文書が落ちて発覚しただろうけど、その時はそうはならなかった。そうかって言うから、咸徳の叔母の家に行って泊まったりしました。あまりに胸が痛くて、罪が多く、言えないことは、その時・・・出て来いと言われて出かけたの。行ってみたら、路地に巡査がひとりいたの。巡査を連れて石垣の裏に隠れて見張れって。3人の男と私で見張った。誰か来たらすぐに教える役目をしました。ところが次の日、村が騒がしい。誰かが昨日の夜(巡査を)殺したって・・・。ああ、昨日私があそこで見張りをしたのはそうやって殺すためだったんだ・・・。それも知らなかったんです。今日はこの人を殺しに行く、そういうことは言わないのよ。同じ仲間でも。次の日になってわかったの”

高蘭姫さんは警察に包囲され、捕まりそうになりもしたが、石垣を飛び越えて逃げた。日を追って警察の取り締まりが激しくなり、父親は娘が危ないと思い、日本へ行く密航船に乗せた。船には5、60名ほどの人が乗っていた。

“その時が7月でした。アボジが‘お前が日本に行って4寸の兄さんか母方の叔父の家に行って居れば、アボジは馬と牛にやる牧草を刈って、干して準備してから、10月頃行くから’と私を送り出しました。元堂峰の下で密航船に乗ったんだけど、本当に忘れられないのが、李徳九さんと金デジンさんが船に来たんです。来て言うには、‘お前たち、今この時期にどこに逃げようというんだ。自分の国を離れたら悪い人だ。良心があるならすぐに降りろ’そうやって訴えかけるんです。二度と韓国に戻って来れないと言いました。その言葉が、一番胸が痛かった。お前らは逃亡者だ、逃亡者がどうして済州島に戻って来られるんだって。私は降りようかどうしようか迷ったけど、アボジがないお金で用意してくれた船賃をもう払ったから、乗っていかないと、お金も返してくれないのに、これじゃいけないと。このまま降りたら、私も死ぬんじゃないか。私が何をしたっていうのか。そういうふうに心の中で考えて、そのまま日本に向かったんです”

일본으로 간 지 한 달도 안 돼 신촌학교에 같이 다니던 18~20세의 젊은이들이 다 학살을 당했다는 소문이 들려왔다. 그때까지만 해도 고란희 씨는 '나 잘 나왔다.' 라고 생각했다고 한다. 그러나 몇 달 뒤 아버지 소식을 듣고 가슴을 쥐어뜯으며 통곡해야 했다.

고란희 씨는 이덕구가 봉기가 일어난다 하던 시기에 아버지가 대창[죽창]을 눌 속에 박아 숨겨놓곤 하던 것을 봤다고 한다. 아버지 역시 간접적으로 4·3봉기를 도우는 일을 했던 것이다. 그러나 그 일 때문에 잡혀간 것은 아니었다.

"왜 체포당했는가 하면, 대창을 가지러 오는 아이들 중 누가 어디서 체포를 당해 고문을 받았는데 그 아이가 말했어요. 대창 숨긴다는 말은 안 하고…. 우리 집 마당에 감자 눌[낟가리] 있습니다. 겨울에 먹을 감자. 그 청년이 도망치다가 들어오니까 우리 아버지가 그 감자눌에 숨겨줘서 목숨이 살아난 일이 있는데, 그 사람이 다른 데서 체포당하니까 어디서 뭐 했냐 고문 받으니까 우리 아버지가 감자눌에 숨겨줘서 살았다 말했어요. 그래서 우리 아버지 체포당하고 고문당하고 10월 11일에 학살당했어요. 함덕 모살밭[모래밭]에 파라고 하고 총살해 쓰러지는 거 그대로 내버려뒀는데, 석 달이 넘어서 우리 어머니한테 동생한테 마중 오라 하니까, 살아서 마중 오라고 생각했던 모양이라. 우리 작은아버지가 음식해서 함덕에 가니까 데려가라 해서 보니, 헉! 그 소식을 듣고 얼마나, 얼마나…. 지금에야 눈물도 거둬졌습니다만… 통곡했습니다. 어쩌면 이럴 수가 있냐. 우리 아버지가 무슨 죄가 있냐. 그리고 내 여동생이 나 대신 잡혀가서 취조를 받은 모양이라. 마을사람이 이 아이는 고완희라고, 고란희가 아니라고 해서 살아났다고 합디다. 일본에 소문이 들어와요. 그래 미안하다, 미안하다 하는 참에, 50년 동안 차단해버린 때문에 그 동생 못 만나고, 동생이 먼저 세상을 떠나버렸어요. 그것도 정말 슬프고 억울하고…."

고란희 씨는 스무 살 때 여덟 살 위인 남편과 결혼했다.

"남편은 대정 동일리입니다. 백조일손에 동생 하나 들여놨습니다. 남편은 당시 오현중학교에서 교편을 잡고 있었어요. 서울에서 교편 잡다가, 조선전쟁이 일어나기 시작하니까 일본으로 도망쳤습니다. 4·3 투쟁 일어나자마자 서울로 도망쳤으니까 거의 참가 안 했는데, 동생들이 죄 없이…. 세 동생, 시아버님, 네 사람이 다 학살당했어요. 같은 4·3 투쟁에서 가족을 잃어 유가족 되고 심정도 잘 알고 해서 결혼했습니다."

그리고 부부는 조총련 활동을 했다.

日本に着いてひと月も経たないうちに、新村の学校に一緒に通っていた18～20歳の若者たちが皆虐殺されたという噂を聞いた。その時はまだ、'逃げて来て正解だった'と思ったという。しかし数ヶ月後、父親のことを聞いて、胸を掻きむしりながら慟哭しなければならなかった。

高蘭姫さんは李徳九の蜂起が起こると言われていた時期に、父親が竹槍を藁山の中に埋めて隠していたのを見たという。父親もやはり間接的に4･3蜂起を手伝っていたのだ。しかし、そのために捕まったのではなかった。

"どうして逮捕されたのかというと、竹槍を取りに来る子のうちの誰かが逮捕されて、拷問を受けて、言ってしまったの。竹槍を隠してるっていう話はしないで・・・、うちの庭に芋を保管する藁山がありました。冬に食べる芋。その青年が逃げてきて、うちのアボジがその藁山の中にかくまって助けたことがあったんだけど、その人が他の所で逮捕されて、どこで何をしてた、って拷問を受けたから、私のアボジが芋の藁山にかくまってくれて助かったと言ったのよ。だからアボジが逮捕されて、拷問されて、10月11日に虐殺されたんです。咸徳の砂浜を掘れって言って、銃殺して倒れたのをそのまま放置したんだけど、3ヶ月過ぎて、うちのオモニや弟らに引き取れと言うから、生きてると思ったら。アボジの弟が食べ物を持って咸徳に行ってみたら、ああ！それを聞いて、どんなに、どんなに・・・。今は涙も枯れたけど・・・ものすごく泣きました。どうしてこんなことがって。アボジになんの罪があるかって。それから私の妹が私の代わりに捕まって、取調べを受けたようです。村の人が、この娘は高ワンヒだって、高蘭姫じゃないって言ってくれて助かったといいます。日本に噂が入ってくるんです。ごめんね、ごめんねと思っている間に、50年間遮られていたから、その妹にも会えず、妹が先にこの世を去ったんです。それも本当に悲しく悔しくて・・・"

高蘭姫さんは20歳の時に8歳上の夫と結婚した。

"夫は大静東日里の人です。百祖一孫の墓に弟がひとり入っています。夫は当時五賢中学で教鞭を執っていました。ソウルで教鞭を執って、朝鮮戦争が起きたから日本に逃げました。4･3闘争が起きた途端にソウルに逃げたから、ほとんど関係してないんだけど、弟たちは罪もないのに・・・。3人の弟とアボジの4人が虐殺されたそうです。同じ4･3闘争で家族を失い、遺族になった心情もよくわかるから結婚しました"

そして夫婦は総連の活動をした。

"왜냐하면 한국에서 일본으로 나가니까 그 당시에 조총련 조직이 돼 있습디다. 당시는 한국말과 글, 일본말과 글을 다 잘 아는 사람이 별로 없었어요. 내가 둘 다 잘하니까 대번에 부위원장이랄까 조직부장이랄까 그런 임명을 받아가지고 일본에서 활동했습니다. 하다 보니까 내가 한국을 지지 못해 가지고, 다시 들어오지 못한다는 말을 언제나 가슴에 새기면서 오지 못하지 그렇게 생각해서 이북을 지지했지요. 대표로 북한에도 갔다 왔습니다.

남편도 공화국을 지지하고 김일성도 세 번이나 만나고, 김정일 별장에도 가서 며칠 살다오고…. 남편은 과학을 연구해 박사학위도 따고 대학교수를 했습니다.

50년 동안 내가 안 오고 싶어서 한국에 못 온 게 아니오. 한국정부에서 빨갱이들은 오면, 소문에 들으니까, 빨갱이 왔다갔다고 해서 친척이 다 체포당하고 야단이 났습디다. 그래서 난 생전에 한국은 들어가지 못한다 생각했습니다.

김대중 대통령 때 6월 15일, 나 텔레비전 앞에서 얼마나 울었는지 모릅니다. 이제는 통일이 반은 됐다 생각했습니다. 이런 유화정책이 계속되면 내가 한국에 갈 수 있는 거 아닌가. 그때부터 차츰차츰 4·3 당시의 말을 들으러 오는 사람이 있었습니다. 그래도 남편은 말하면 안 된다, 때가 아니다, 누가 알면 우리 가족은 다 그만이다, 부탁이니 말하지 마라 했습니다.

그러나 나는 오고 싶었어요. 우리 어머니가 그때 아흔둘인데, 살아계셨어요. 한국영사관에 가서 막 빌면서, 나는 조총련계니까 그때는 영사관에 가서 패스포트 받아야 올 거 아닙니까. 그래서 부탁을 해서 받아서 두 번 왔다갔습니다. 샛질에도 가보고 신촌마을도 다 돌아봤습니다. 원당봉에도 가보고 55년 돼서 한국에 온 때 가봤습니다.

그 다음에 계속해서 자꾸 오는 기회는…, 고민수 시장이 나의 친척 아닙니까. 민수가 고 씨 종친회 회장을 해서, 일본에 있는 고 씨를 찾아서 왔습니다. 통역해달라고 우리 집에 찾아온 겁니다. 일본에 있는 사람들 한국말 전혀 모르니까. 고향에 한번 가고 싶다, 무엇을 해서 가면 좋겠느냐, 그러던 참에 민수가 와서 일본에 고 씨 종친회가 설립된 겁니다. 그때 마음을 다짐했지요. 이제는 고향에 가고 오고 할 수가 있겠다. 민수…, 어저께 공항에도 마중 나왔지요. 오지 않아도 좋다고 했는데, 누님이 오신다는데 왜 안 나갑니까. 나와서 얼싸안고 좋아서…. 지금도 그 일을 하고, 일본에 4·3유가족회에 가입도 하고. 앞으로는 오고 가고. 내가 앞으로 몇 년 살아질지 모르지만. 남편은 결국 고향에 한 번도 와보지 못하고 세상을 떠났습니다.

이 모든 말을 오늘날 떳떳이 말하는 것은 이제는 말해도 좋다, 때가 왔습니다. 지금은 말할 수가 있다. 몸은 비록 일본에 살고 있지만 머리, 조국을 생각하는 것은 다른 사람 못지않아요. 일본에 살고 있어도 나라 생각 많이 합니다. 이북에는 못 가겠습니다. 한국이 고향이고 한국에 이바지해서 통일을 위한 일, 일본에서 열심히 하고 있습니다. 지금 국적도 한국으로 돼 있습니다. 조선으로 하면 한국 오지 못한다고…."

“どうしてかっていうと、韓国から日本に行ってみたら、当時の総連組織ができていました。当時は韓国語と文字、日本語と文字をよく知っている人はあまりいなかったんです。私は両方ともよくできたから、すぐに副委員長というか、組織部長というか、そういう任命を受けて、日本で活動しました。そうするうちに、私が韓国を支持できなくて、再び戻れないという言葉をいつも胸に刻みながら、戻れない、そう思って以北(北朝鮮)を支持しました。代表として北朝鮮にも行ってきました。
夫も共和国を支持して、金日成にも3回も会って、金正日の別荘にも行って何日か過ごしてきて・・・。夫は科学を研究して、博士号も取って大学教授をしていました。
50年間、来たくなくて韓国に来なかったんじゃないんです。韓国政府でアカが来たら、聞いた話だけど、アカが来たと言って、親戚らが逮捕されて大騒ぎになると。だから私は、生きているうちは韓国に戻れないと思っていました。
金大中大統領の時、6月15日に、私はテレビの前でどんなに泣いたかわかりません。これで半分は統一されたと思いました。こういう柔和政策が続けば、私も韓国に行けるんじゃないかって。
その時から少しずつ、4･3当時のことを聞きに来る人がいました。だけど夫は話したら駄目だ、まだ早い、誰かが知ったら、うちの家族はお終いだ、頼むから話すなと言われました。だけど私は来たかったんです。オモニがその時92歳で、生きていたんです。韓国大使館に行って頼み込んで、私は総連系だから、その時は領事館に行ってパスポートをもらわないといけなかった。だからお願いして、発行してもらって2回来ました。あの路地にも行ってみて、新村里もまわってみました。元堂峰にも行ってみて、55年ぶりに韓国に来た時に行ってみました。
その後続けて来る機会は・・・、高ミンス市長が私の親戚なんです。ミンスが高氏宗親会の会長をして、日本にいる高氏を訪ねて来ました。通訳をしてくれとうちに来たの。日本にいる韓国人は、韓国語がわからないから。故郷に行きたいんだけど、どうすればいいか、そう思ってたところにミンスが来て、日本に高氏宗親会ができたんです。その時に決心したんです。今なら故郷に行ったり来たりできる。ミンス・・・、昨日、空港にも迎えに来たんです。来なくていいって言ったのに、姉さんが来るのに行かないとって。来て、抱き合って喜びました・・・。今もその仕事をしていて、日本で4･3遺族会に加入もして、これからは行ったり来たり、私があと何年生きるかわからないけど。夫は結局、一度も故郷に行けずこの世を去りました。
すべてのことを今、堂々と話せるのは、今なら話してもいい、その時が来たんです。今なら話すことができる。たとえ身体は日本にいても、頭で、祖国を考えるのは他の人に負けません。日本に住んでいても、国のことをたくさん考えています。以北には行けません。韓国が故郷で、韓国に貢献して、統一のために日本で一生懸命働いています。今、国籍は韓国籍です。朝鮮のままだと韓国に来れないから・・・”

주관단체인 4·3도민연대에서 선물한 기념사진을 보고 있는 방문단
主管団体である 4·3道民連帯が贈呈した記念写真を見ている訪問団

4월 4일, '4·3' 이라는 공통분모 속에서

(방문단 · 제주실행위 간담회 - 환송오찬회 - 해단)

오전 9시. 라마다호텔 2층 로비. 아침식사를 마친 방문단 일행이 열 시부터 진행될 간담회를 기다리며 쉬고 있었다.

김춘해

오사카방문단으로 온 김춘해 씨. 70대로 보였는데, 여든여섯이라고 했다. 젊어 보인다고 했더니 다른 사람들도 자신을 일흔다섯쯤으로 본다며 밝게 웃는다.

간담회를 진행하는 실무진

4月4日、'4·3'という共通分母の中で

(訪問団・済州実行委員会－歓送の午餐会－解団)

午前9時、ラマダホテル2階ロビー。朝食を終えた訪問団一行が、10時から始まる懇談会の時間を待ちながら休んでいる。

金春海

大阪訪問団として参加した金春海さん。70代にみえたが、86歳だという。若く見えると言うと、他の人からも75歳くらいに見られる、と明るく笑った。

"내 고향은 중문입니다. 여섯 살에 일본 가서 거기서 컸어. 일본에서 월평 출신 사람하고 결혼하고 아이 낳고 살고 있었는데, 일본이 전쟁으로 흔들리니 고향으로 가라 해서 해방되던 해 남편과 함께 자식들 데리고 고향으로 왔어. 시집, 월평으로. 거기서 4·3사건 겪었어. 4·3사건 때 샛아버지 죽여불고 동생도 죽여불고 그래서 무서워서 남편은 일본 보내버렸어. 일본에 우리 어머니가 계시난. 그때는 '산쪽' 도 무섭고 경찰, '알쪽' 도 무섭고 북쪽도 무섭고. 이북에서 서북청년단 많이 와서 푸른 옷 입고, 게고제고[무턱대고] 남자 지나가면 막 총으로 쐈어. 무서워서 살지 못해 일본으로 갔어. 내가 서른다섯 살 때인가 갔는데, 밀항으로 왔다고, 등록증 없으면 못 산다고. 아기들 일본에서 나난[낳으니까] 산파 찾아가서 강 보난 살아 있어. 일본사람인데, 날 보더니 아, 고향 가오랐냐고[다녀왔느냐고]. 산파가 아기 받은 증명 만들어줘서 등록증 받고 살았지요."

김춘해 씨는 제주에 딸이 하나 살고 있어서 자주 오는 편이라고 했다. 그러나 4·3 기념식은 처음 봤다고 한다. 제주에서도 처음 아니냐고, 매해 이렇게 위령제를 지냈냐며 되묻기도 했다.

"4·3사건 기념식을 한다고 해서 걸을 수 있을 때 가보자 해서 왔어. 평화공원 그 위패 많은데, 거기 들어가 보니 '월평' 이 탁 보여. 조카 이름이 거기 있어. 나 막 울었어요. 굿 하는 거 보고도 많이 울고. 저기서 오는 사람 굿하는 의미 몰라요. 나는 잘 알지마는. 제주도에 9년간 살 적에 시어머니가 매날 굿 허여[해]. 시아주머니가 폐병 걸려 오니 병원엔 안 가고 맨날 굿 허여. 그때 생각도 많이 나고. 이번에 오고 보니 너무들 노력하고 발전하니 감사합니다. 이번이 마지막 될 거 닮아. 종에[다리] 아팡 더는 못 다니크라."

이창순

도쿄방문단으로 온 이창순 씨는 1932년 일본에서 태어났지만 해방 전에 아버지 고향인 대정으로 들어왔다가 4·3을 겪었다.

"오사카에서 태어나서 소학교 5학년 때, 일본에서는 대동아전쟁이 있어가지고 일본학생들 모두가 산에 소까이[소개] 가는데 저는 제주도 가겠다 해서 대정으로 갔어요. 모슬포 가 보니까 군인이 굉장히 많이 있고. 물으니까 한 3만 명쯤, 일본군이에요. 해병대, 해군, 육군도 있었고. 소학교를 졸업함과 동시에 해방되니까 중학교가 제주도 각지에 되지 않았습니까? 그래서 대정중학교 입학했는데. 교장선생님이 이도일 선생님. 우리 담임선생님이 이승진(김달삼), 동경 와세다 나왔다고 들었고, 아주 씩씩한 분이었어요. 아주 존경했습니다. 그때는 중학생이라면 좀 아는 체하고 다니고 하지 않았습니까. 멋모르고 사상이라는 것도 모르지요. 자본주의가 뭐이고 공산주의가 뭐이고 사회주의가 뭐이고 우리는 배우지도 않았고. 흐름에 따라서. 동창생 중 아이 둘 딸린 스물다섯 살도 있었습니다. 보통은 동창생들이 열다섯, 여섯. 난 빨리 학교 들어간 편이라 어리고.

“私の故郷は中文です。6歳の時に日本に行って、そこで育った。日本で月坪里出身の人と結婚して、子供を産んで暮らしていたんだけど、日本が戦争で大変だったから、故郷に帰れと言うので、解放の年に夫と一緒に子供を連れて故郷に来た。嫁ぎ先の月坪に。そこで4·3事件にあった。4·3事件の時にアボジの兄弟が殺され、弟も殺され、怖くて夫を日本に行かせました。日本にうちのオモニがいたから。その時は‘山の方’も怖いし、警察、‘下の方’も怖いし、北の方も怖いし。以北から西北青年団がたくさん来て、青い服を着て、男が通ると手当たり次第に銃で撃った。怖くていられないから、日本に行った。35歳の時だったか、行ったんだけど、密航だから登録証がないといられない。子供を日本で産んでいたから、産婆を探してみたら生きていた。日本人だけど、私を見て、ああ、故郷に行ってきたのかって。産婆が子供を取り上げた証明を作ってくれて、登録をもらって暮らしました”

金春海さんは済州に娘がひとり住んでいるので、時々来るという。しかし、4·3記念式は初めて見たという。済州でも初めてではなく毎年慰霊祭をするのか、と質問された。

“4·3事件の記念式をすると聞いて、歩ける時に行ってみようと思って来た。平和公園に位牌がたくさんあるけど、入ってみたら‘月坪’がちょうど見える。甥の名前がそこにあった。すごく泣いたの。クッを見てもたくさん泣いて。向こうから来る人は、クッをする意味を知らない。私はよく知ってるけど。済州島に9年間暮らした時、姑が毎日クッをしてたから。もうひとりの嫁が肺病にかかって、病院に行かないで毎日クッをした。その時の記憶も思い出して。今回来てみて、皆すごく努力して発展していて、感謝しています。今回が最後になると思う。膝が痛くて、もう来れそうもない”

李昌順

東京訪問団として参加した李昌順さんは、1932年に日本で生まれたが、解放前に父親の故郷である大静に戻り、4·3を体験した。

“大阪で生まれて、小学校5年生の時、日本では大東亜戦争が起きて、日本の学生は皆、山の方に疎開したんだけど、私は済州島に行くことになって大静に行きました。摹瑟浦に行ってみたら、軍人がとてもたくさんいて。聞いたら大体3万人くらい、日本軍でした。海兵隊、海軍、陸軍もいて。小学校卒業と同時に解放されて。中学校が済州島各地にあるでしょう?だから大静中学校に入学したんです。校長先生が李道一先生。担任の先生は李承珍(金達三)。東京の早稲田大学を出たと聞いた。とてもしっかりした人だった。とても尊敬していました。その時は、中学生ならちょっと知ったかぶりをするでしょう。思想が何かも知らないでしょう。資本主義が何で、共産主義が何で、社会主義が何か、習いもしなかったし、流れに乗って。同級生のうち、子供がふたりいる25歳の人もいました。普通は同級生は15、6歳で、私は早く学校に入った方なので幼かった。

그때 밤이 되면 '삐라' 를 뿌렸어요. 모슬포는 한라산에서 제일 멀지 않습니까? 오름에서 봉화로 몇 개 오르면 어디로 가라. 여기 제주시에서 '학련' 이라고 해서 막 우린 매 맞고. 한 열이 와 가지고 막 때리고 먹을 거 가져오라고 하고. 동창생 하나가 산에 갔다가 잡혔어요. 그래서 송악산에서 총살을…. 나오지 않으면 너희들 빨갱이로 볼 테니까, 집에 있는 사람은 다 죽이겠다니까. 할 수 없이 나가야죠. 학생들이라도, 학교간부라도 뭐 매일 무서워서, 할 수 없이 낮에는 그렇게 하지만, 밤에는 연락이 오면 다시 삐라를. 그때 돌로 성을 쌓지 않았습니까? 돌도 나르고 쌓고, 안 나가면 죽이겠다고 하니까. 그런데 한 번은 잡혔어. 학생들 열 명이 헌병대에 다 잡혀갔어요. 헌병대가 원래는 우리 집이었습니다. 일본사람이 병원 하던 2층집, 넓고 좋은 집이었어요. 우리 할머니가 그것을 샀거든요. 그런데 적산물이라고 압수당했거든. 인민위원회가 되니까 사무실로 써. 인민위원회가 추방되니까 그 다음엔 헌병대가 다시 왔어. 그때 잡혀갔던 열 명은 다 총살당했다고 합디다. 나중에 들으니까."

이창순 씨는 종손이었다. 집안 어른들은 "너만은 꼭 살아야 한다." 며 그를 고향 밖으로 내보냈다. 그가 서울에 있을 때인 1948년 할머니가 돌아가셨다. 그러나 제주에 오지 못했다. 어떤 일이 있어도 오면 안 된다, 절대 오지 말라고 했기 때문이다.

"종손인가 장손이라고 해가지고 경제적으로는 좀 호강을 받았는데, 그때는 그 동네에서 밖에 나가기 아주 어려웠어요. 증명서 받지 않으면. 버스 타려고 해도 양민증이라 하는 것이 있어야 했어요. 제가 양민증이 없으니까, 일본에서 온 외삼촌이 당시 시에 경찰부장이니까 양민증을 만들어주마, 그것을 갖고 목포로 가라. 여기 직항으로 목포로 가고, 목포에서 서울로 가서 노량진에 있는 숙부네 집에 살았어요. 우리 숙부들하고는 아주 적이 되어 있었던 대정사람이 있었는데, 그 사람이 서울에 찾아왔어요. 내가 숙부네 아들인 줄 알아가지고…. 고 뭐라고 해서 한림사람인데, 후에 물으니까 이북에 갔다 합니다. 그 사람이 나보고 너 빨리 도망가라고 해서 그날 밤 부산에 가서 일본으로 갔지요. 6·25 전 해에 일본에 갔습니다. 일본에 가서 중학교 3학년으로 들어가고, 고등학교 가고, 대학 가고. 조선유학생 동맹이라고 한 데가 동경에 있었습니다. 거기서 김일성 장학금 받으면서 학교 다녔습니다.
저는 자랄 때 양친이 안 계시니까 가정적인 애정을 못 받았습니다. 일본에서 고모네 집에 1년, 작은아버지 집에 1년, 눈칫밥 먹으면서 학교 다니다가, 조선 유학생들 기숙사가 있다는 걸 알아서 찾아갔어요. 고등학교 3학년 때부터 그 기숙사에서 살았는데, 거기서 친구들, 선배들 많이 사귀었습니다."

이창순 씨는 열심히 공부해 학교를 졸업했고, '성실' 과 '신용' 을 바탕으로 사업가로 성공했다.

その頃、夜になると‘ビラ’をまけって。摹瑟浦は漢拏山から一番遠いでしょう？オルム(寄生火山)に烽火がいくつあがったら、どこどこに行け。この済州市には‘学連’ていうのがあって、私たちはすごく殴られて。10人くらいが来て、すごく殴って、食べ物を持って来いと。同級生のひとりが山に登って捕まったんです。それで松岳山で銃殺され・・・。出て来ないとお前らをアカとみなすって、家にいる人は皆殺すっていうから。仕方ないから出ないと。学生も学校の幹部も、とにかく毎日怖くて。仕方なく昼間はそうするけど、夜は連絡が来ればまたビラを。当時、石で城壁を作ったでしょう？石も運んで積み上げた。やらないと殺すっていうから。ところが、一度捕まった。学生10人が憲兵隊に全員捕まりました。憲兵隊は、本来は私の家だったところにいました。日本人が病院をしていた2階建ての家。広くていい家でした。うちのハルモニがそれを買ったんです。ところが、適国財産だといって押収されて。人民委員会ができて、事務所として使った。人民委員会が追放されたから、その次は憲兵隊がまた来た。その時連れて行かれた10人は皆、銃殺されたといいます。後で聞いた話では”

李昌順さんは長孫だった。一族の人々が‘お前は必ず生きないといけない’と言い、彼を故郷の外に送り出した。彼がソウルにいた1948年にハルモニが亡くなった。しかし済州に来ることができなかった。なにがあっても来たら駄目だ、絶対に来るな、と言われたためだ。

“宗孫とか長孫といって、経済的にはあまり苦労しなかったんだけど、当時はその村から出るのがすごく難しかったんです。証明書をもらわないと、バスに乗ろうとしても良民証というのがないといけなくて。私は良民証がなかったので、日本から来た母方の叔父が当時、市で警察部長だったので、良民証を作ってやるから、それを持って木浦に行けと。ここから直航で木浦に行って、木浦からソウルに行って、鷺梁津にいた叔父の家で暮らしました。うちの叔父ととても敵対する太静の人がいたんだけど、その人がソウルに訪ねて来ました。私を叔父の息子だと勘違いして・・・。とやかく言って、翰林の人だったけど、後で聞いたら以北に行ったそうです。その人が私に早く逃げろと言うので、その夜釜山へ行き、日本に渡りました。6・25朝鮮戦争の前の年に日本に行きました。日本に渡って、中学3年に編入し、高校に行き、大学に行った。朝鮮留学生同盟というのが東京にありました。そこから、金日成奨学金をもらいながら学校に通いました。
私は成長する時に、両親がいないから家庭的な愛情を受けられませんでした。日本で父方の叔母の家に1年、アボジの弟の家に1年、居候しながら学校に通い、朝鮮留学生同盟の寮があると知り、訪ねて行きました。高校3年からその寮に住みましたが、そこで友達や先輩がたくさんできました”

李昌順さんは一生懸命に勉強して学校を卒業し、‘誠実さ’と‘信用’で事業家として成功した。

"사실 총련회 일도 했지요. 35년인가 36년 전에 성묘단이라고 있었어요. 음력 정월과 8월 추석에 두 번 왔거든. 음력 정월 때 갈라 하니까, 여성동맹이라고 조총련이 아주 쎈 데인데, 거기서 나와 가지고 못 가게 했어요. 그래서 8월 추석에 왔거든요. 서울에 한 2천 명쯤 왔을 겁니다. 박정희 시대인데, 그때 부산에서 해산돼 가지고 고향을 찾아가 봤습니다. 많이 변했더군요. 그때 한 일주일 있다가 돌아갔습니다. 부모 없으니까 죽어도 울어줄 사람도 없고 해서 용기 있게 돌아다녔어요. 그 후로 한참 동안은 못 왔지요. 지금이야말로 정말 많이 오죠. 1년에 한 열두 번은 옵니다. 서울에 사업 때문에…."

현재 이창순 씨는 의료기계 사업, 오염된 토지와 바다를 정화시키는 환경사업 등을 하고 있다. 제주를 위해 환경사업을 펼치고 싶다고 했다.

"제 남아 있는 인생 목적은 돈 버는 게 아니에요. 토지며 바다를 망치고 있는 오염 해결하려고 뛰어다니고 있습니다. 저는 조총련 그만뒀어요. 민단에 들어가서 10여 년 넘지만 환영을 안 해줘요. 양쪽에서 인간적으로 그랬어요. 우리는 일본에서는 '조센징' 이라 차별받고 한국에 오면 '반쪽발이' 라고 차별받고, 그런 경험 많았습니다. 아, 우리들이 갈 곳은 어디인가, 그렇게 한 적도 있습니다. 4·3평화공원에 고모부 위패가 있습니다. 고모는 아직도 서울에 있어요. 4·3 때 무명으로 돌아가신 분들, 우리가 살아있는 한 얼마큼이라도 명예를 회복시키는 일이 우리들의 의무라고 생각합니다. 일본에 있는 내 친구 하나는 누나가 총살당하려는 걸 서북청년이 살렸다고 해서 부부간이 됐는데도 죽는 날까지…. 그 부부 일본에 가 있어요. 그 서북청년출신 남편은 일본에 가도 결국 깡패하고 다니고 있어요. 제 주위에 그런 사람이 몇 사람 있어요. 제가 서울에 있을 때 같이 있던 대정 친구는 이북에 갔어요. 거기서 농과대학 교수를 했는데, 5년 전에 알아보니까 2년 전에 돌아갔다고 해서 아들한테 송금하고 했습니다. 그 사람들 일본에서 돈 보내면 상당히 오래 생활할 수 있거든요. 아들이 보내온 친구 사진 보니 훈장을 많이 붙이고. 그 아들이 꿀도 몇 병 보냈어요. 그거 보내온 거 보니까 기특해요. 우리 시대에 삼팔선을 만들었으면 우리가 해결을 해서 자식들한테 물려주는 것이 책임이라고 생각합니다. 그것이 제일 목적입니다. 통일이 온다면 우리 같은 거 언제든지 목숨을…. 통일, 나는 2010년을 기대했습니다. 지금도 그렇게 희망을 갖고 있어요."

“実は総連の仕事もしました。35年か36年前に、墓参団というのがありました。陰暦の正月と8月の秋夕(お盆)の2回来ました。陰暦の正月に行こうとしたら、女性同盟といって、総連でもとても強いところなんですが、そこから来て、行けないようにしました。それで8月の秋夕に来たんです。ソウルに2000人くらい来たと思います。朴正熙時代なんだけど、その時釜山で解散して、故郷を訪ねてみました。とても変わっていたなあ。その時、1週間ほどで帰ってきました。両親もいないから、死んだとしても泣く人もいないと思って、勇気を持って行って来たんです。その後しばらく来れませんでした。今は本当によく来ます。1年に12回は来ます。ソウルでの事業のために・・・”

現在、李昌順さんは医療機器の事業、汚染された土地と海を浄化する環境事業などをしている。済州のために、環境事業をしたいという。

“私の残りの人生の目的は、お金を稼ぐことではありません。土地や海を破壊する汚染を解決しようと走り回っています。私は総連を辞めました。民団に入って10余年経ちますが、歓迎はしてくれません。両方とも、人間的にそうでした。私たちは日本では‘朝鮮人’と差別され、韓国に来れば‘半チョッパリ(半日本人)’と差別される、そういう経験がたくさんありました。ああ、私たちの行くべき場所はどこなのか、そう思ったこともあります。4·3平和公園に父方の叔母の夫の位牌がありました。叔母は今もソウルにいます。4·3の時に無名のまま亡くなった方たち、私たちが生きている限り、少しでも名誉を回復させることが義務だと思います。日本にいる私の友達のひとりは、姉が銃殺されそうなのを西北青年が助けたとして夫婦になりましたが、死ぬ日まで・・・。その夫婦は日本にいます。その西北青年出身の夫は、日本に行っても結局ヤクザをしています。私のまわりにはそういう人が何人かいます。私がソウルにいた時、一緒にいた大静の友達は以北に行きました。そこで農科大学の教授をしていたのですが、5年前に調べたら、その2年前に亡くなったというので、その息子に送金したりしました。その人たちに日本からお金を送れば、非常に長く生活できるんです。息子が送ってきた私の友達の写真を見たら、勲章をたくさんつけて。その息子が蜂蜜も何本か送ってくれました。そういうのを見ると関心します。私たちの時代に38度線を作ったんだから、私たちが解決して子供たちに受け継がせる責任があると思います。それが一番の目的です。統一されるんだったら、私たちみたいのは、いつだって命を・・・。統一、私は2010年を期待します。今もそういう希望を持っています”

마지막 일정으로 진행된 간담회
最後に進行された懇談会

간담회

오전 10시 라마다 연회장. 방문단과 제주실행위의 간담회가 진행되었다.

맨 처음 현광수 씨가 소개되었다. 일본 '4·3을 생각하는 모임' 대표를 지냈고 1988년 도쿄에서 열렸던 4·3 40주년 기념 추도식 행사를 진행했던 사람이다. 올해 79세인 그는 그동안 살아온 모든 것이 집약적으로 어제 하루에 다 떠올라 아침 4시 반까지 잠을 못 이루었다는 말로 이야기를 시작했다.

"어저께 그 모임(위령제)에 참가하고, 그 모든 어르신들이 말씀하시는 걸 듣고 감동하고, 학살한 그 현장을 보고, 굿 하는 광경을 보고 돌아오니까 머리가 혼란스러워 범벅이 돼가지고 잠이 안 왔습니다. 내 자신이 유가족의 한 사람입니다. 내 형과 고모가 학살당했고, 뼈를 못 찾고 있습니다. 400년간 살던 집이 다 불타버렸습니다. 나 홀로 고독하게 일본에서 살고 있었습니다. 일본에서 내 육친의 제사를 지내는데, 40년 동안 내 형, 고모 제사라 말 못하고, 숨죽이고 제사를 지내왔습니다. 그리고 여기서 내 친족의 8촌까지 취직도 못 했습니다. 내가 있어서, 폭도의 가족들이라 해서…. 참다, 참다, 참을 수가 없었습니다. 참다못해 1987년 12월 27일에 여섯 명이 일본 도쿄에서 모였습니다. 이대로서야 되겠느냐, 숨을 죽이고 살 바에야, 죽는 것만 못하다, 소문을 내보자, 그래서 좌담회를 조직했어요. 그때 좌담회에 참석한 분이 여섯 명입니다. 그 가운데 김석범 선생, 김민주 선생, 나, 셋이 여기 있습니다만, 다른 세 분, 반이 벌써 돌아가셨어요. 자기 목숨을 걸고 소리를 높인 여섯 가운데 반이 세상을 떠났습니다. 어제는 그 기념행사에 참가하면서, 그 광경을 보면서 돌아간 분들 얼굴이 자꾸 나와요. 그 자리에 앉아 있으면서. 나는 너무나 행복하다 말이야, 그런데 다른 셋은 이런 장면도 못 보고 돌아갔다 말이야, 이런 장면을 보여줬으면 얼마나 좋았겠느냐…."

현광수 씨는 잠시 울먹이다 다음 말을 이었다.

"도지사님, 유가족 대표님, 국무총리님 등 여러분들 인사 속에서 여러 가지 느꼈습니다만, 어제를 기해서 4·3이라는 것이 무엇이냐, 그 '무엇'이라는 것은 어제 나왔다고 봅니다. 그러나 앞으로 이것을 전 국민화, 전 세계화를 해가는 데 있어서는 지금까지의 운동스타일, 사고방식으로는 연구해볼 점이 있지 않겠냐. 내 생각으로는, 사회는 약간 더 복잡해진 것 같고…. 과거는 단순했는데, 어제를 출발점으로 해서 뭔가가, 운동에 있어서 혹은 4·3을 국민화, 세계화를 하는 데는 약간 복잡성이 있지 않겠나 하는 걸 느꼈습니다. 이것이 오늘 간담회를 갖는 제주도 연구회, 모든 실행회, 모든 분들에게, 생각하고 정리해야 할 하나의 문제점으로 제기하고 싶습니다. 60년! 너무나 긴 세월입니다. 10년이면 강산도 변한다는데, 그동안 여섯 번이 변했습니다. 그때 태어난 어린애가 오늘 환갑을 맞이했습니다. 그간에 우리는 숨을 죽이면서…. 1988년 4·3 40주년 기념행사를 준비할 때, 안기부에서 내게 왔습니다. 신문사의 어떤 책임자하고 와가지고, 내일 모레 3일 후에는 실행이 되는 것인데, 우린 다 각오돼 있는데, 당신이 그만두시오! 중단하시오! 만약에 감행한다면 당신은 생전에 한국의 땅을 밟지 못할 것이라고 했습니다. 어느 쪽을 선택하겠느냐! 나는 밟지 못해도 좋다, 중단은 안 하겠다, 하면 한다! 그것이 오늘 이렇게 제주도의 전체 운동이 되고, 전 국민의 운동이 되고, 제주도민 명예가 회복되고…. 이렇게 될 줄 꿈에도 생각지 못했습니다. 고맙습니다."

懇談会

午前10時、ラマダ宴会場。訪問団と済州実行委員会の懇談会が始まった。

まず初めに、玄光洙さんが紹介された。日本の'4・3を考える会'の代表を務めていた1988年、東京で開かれた4・3事件40周年記念の追悼式の行事を進行した人だ。今年79歳の彼は、これまで生きてきたすべてのことが、集約的に昨日1日の間に思い浮かび、朝4時半まで眠れなかったという話から始めた。

"昨日、あの集まり(慰霊祭)に参加して、そのすべての方が話されることを聞いて感動し、虐殺現場を見て、クッをする光景を見て帰って来てから、頭が混乱してぐちゃぐちゃになって、眠れませんでした。私自身、遺族のひとりです。私の兄と父方の叔母が虐殺され、骨も探せずにいます。400年間住んでいた家が、皆燃えてしまいました。私ひとり孤独に日本で暮らしています。日本で肉親の祭祀をしていますが、40年間、私の兄、叔母の祭祀だと言えずに、息を殺してきました。そしてここでは、私の8寸の親戚まで、就職もできませんでした。私のために、暴徒の家族だと言って・・・。とても堪えることができませんでした。堪えられず、1987年12月27日に、6人が東京で集まりました。このままでいいのか、息を殺して生きるくらいなら、死んだ方がましだ、声をあげよう、と。それで座談会を組織しました。その時、座談会に参加したのが6人です。その中の金石範先生、金民柱先生、私の3人はここにいますが、他の3人、半分はもう亡くなりました。命をかけて声をあげた6人のうち、半分がこの世を去りました。昨日はあの記念行事に参加して、その光景を見ながら、亡くなった人たちの顔がしきりに浮かびました。そこに座りながら。私はとても幸せ者です。しかし、他の3人はこんな場面も見れずに亡くなったんです。こういう場面を見せられたら、どんなに良かったか・・・"

玄光洙さんは少し涙ぐみ、次の言葉をつなげた。

"道知事、遺族会代表、国務総理など、皆さんの挨拶の中で色々感じましたが、昨日を記して、4・3というものは何なのか、その'何か'というのが昨日出されたと思います。しかし、今後これを全国民化、全世界化をするにあたって、今までの運動スタイル、思考方式を研究し直す必要があるのではないか。私の考えでは、社会はより複雑になっているようで・・・。過去は単純だったけれど、昨日を出発点として何かが、運動において、あるいは4・3を国民化、世界化するにあたって、少し複雑さがあるのではないかと感じました。これが、本日懇談会を持った済州道の研究会、すべての実行委員会、すべての方に考え、整理しなければならない問題点のひとつとして提起したいと思います。60年!あまりにも長い歳月です。10年で山や川の形も変わるというから、この間、6回変わりました。その時に生まれた子供が、今日還暦を迎えました。その間、私たちは息を殺しながら・・・、1988年、4・3事件40周年記念行事を準備する時、安企部から私のところにやって来ました。新聞社のある責任者と来て、3日後にはもう行う予定なのに、私たちは皆覚悟しているのに、中止しなさい! 中断しなさい! もし敢行するならあなたは生きている間に韓国の土を踏むことはできない、と言いました。どちらを選択するのか!私は土を踏めなくてもいい、中断しない、やると言ったらやる!それが今日このように済州道全体の運動となり、全国民の運動となり、済州道民の名誉が回復され・・・。こんなふうになるなんて、夢にも思いませんでした。ありがとうございます"

현광수 제주4·3을 생각하는 모임 전 대표
玄光洙、濟州4·3を考える會の(前)代表

김진홍 씨
金鎮フェンさん

다음은 도쿄에서 조국평화협회 부회장을 지냈던 김진횡 씨가 소개되었다. 그 역시 중간 중간 울먹여가며 이야기를 이어갔다.

“이번 제가 마음에 끌려가지고 온 것은 캐치프레이즈, ‘4·3으로 떠난 땅, 4·3으로 되밟다’ … 이게 저의 심정이었습니다. 4·3의 진실을 밝히려고 고생하신 모든 분들에게 깊은 감사를 드립니다. 제가 제주도를 떠난 것은 1948년 10월이었습니다. 해방 후 양과자 반대운동에도 참여했고, 1947년 3월 초하루 오현중학교에서 있었던 학생들의 3·1운동기념 집회에도 참여했었습니다. 그걸 마치고 관덕정까지 갔을 때, 그때 총구를 겨누고 있었을 적에 저희들은 젊은 혈기에 넘쳤기 때문에 돌파하려고 했었습니다. 그때 선생님들이 ‘애들아, 개죽음 말아라, 살아서 다시 보자.’ 하면서 적극적으로 말리셨습니다. 이제 그 선생님들도 가시고, 같이 스크럼을 짰던 학우들도 갔고. 이젠 다 됐구나, 학살당하겠구나 싶었을 적에 저의 아버지가 구장을 하고 있었기 때문에 토벌대 책임자에게 저게 내 아들이라고 해서, 구사일생으로 살았습니다. 제가 일본에 건너가서 60년 동안 제일 못 잊었던 것은 나 혼자 살겠다고, 도피자라는 죄책감이었습니다. 4·3이 돌아올 때마다, 아니 고향이 그리울 때마다 희생당한 사촌들을 생각했습니다. 4·3으로 희생당한 영령들을 위해서 소리 없는 진혼가를 불렀습니다. 술도 먹었습니다. 그리고 이번 행사를 통해, 4·3으로 떠난 땅, 4·3으로 되밟았습니다. 도착한 첫날 평화공원에 가서 묵념을 할 적에 저도 울었습니다. 가신 분들이 얼마나 원통했을까 생각하니까…. 거기서 제 사촌들의 이름도 찾았습니다. 그러나 무장대에 참가했던 선배들 이름은 없고, 저희들에게 살아서 다시 보자고 설득했던 선생님 이름도 없었습니다. 이름이 없는 그 분들이 더 그리웠습니다. ‘화해와 상생, 평화로 가자’ … 참 좋은 말입니다. 그리 해야 합니다. 그런데, 화해와 상생이라고 하는데, 왜 무장대에 참여했던 사람들의 이름이 없습니까? 난 불공평하다고 생각했습니다. 모든 사람들, 아까운 목숨을 잃은 분들의 이름을 찾아내고 명복을 빌어야 되지 않겠는가, 이런 마음도 간절히 들었습니다. 저는 아마 다시는 제주도에 못 올 겁니다. 몸도 그렇고 나이도 있고…. 나중에 4·3자료를 읽으면서 우리에게 국어를 가르쳤던 고칠종 선생님이 남로당 활동을 했었다는 걸 알았습니다. 그땐 몰랐습니다만. 그 선생님이 직접 지어 들려주던 동시를 저는 아직도 외우고 있습니다. ‘심부름 잘했다고 얻은 이 능금, 그냥 먹어버리긴 하도 아까워 만지며 갖고 노니 냄새도 좋네’ 그분의 영전에 명복을 빌며, 두서없는 말 마치겠습니다.”

(고칠종: 농업학교 교사, 3·1기념투쟁 제주도위원회 동원·선전부 활동. 1948년 3월 무장봉기 결정 신촌회의 참여, 무장대 조직부 활동)

4·3 이야기를 눈물 없이 할 수 있는 사람이 몇이나 될까. 더구나 여기는 4·3이라는 공통분모 위에 모인 사람들의 간담회 자리가 아니던가. 진행자는, ‘직접 체험’ 이라는 생생한 기억으로 더 무거워진 분위기를 좀 바꿔보고 싶었던 모양이다. 이번 교류방문행사 참여를 희망하는 일본인들이 예상보다 많아 초청하는 측의 부담이 걱정됐는데 자비를 들여서라도 참여하겠다는 열기를 가진 사람들 덕분에 함께할 수 있었다면서, 그 가운데 ‘일본 헌법 9조를 지키는 모임’ 의 마츠야마 히데시 씨를 소개했다. 이번 교류방문행사에 8명의 회원이 참여했다.

“일본 국민은 정의와 질서를 기초로 한 국제평화를 성실하게 추구해 국제분쟁을 해결하는 수단으로서 국가가 전쟁을 발동하는 것, 무력으로 위협하거나 무력을 사용하는 것을 영원히 포기한다. 위 목적을 달성하기 위해 육해공군과 기타 군사력을 보유하지 않는다. 교전권은 인정하지 않는다.”

次に、東京から祖国平和協会副会長を務める金鎮フェンさんが紹介された。彼もやはり、途中で涙ぐみながら話を続けた。

"今回私が心を引かれ参加したのは、キャッチ・フレーズの'4·3で離れた地、4·3で再び踏みしめる'・・・。これは私の気持ちでした。4·3の真実を明らかにするため、苦労された皆さんに深く感謝いたします。私が済州島を離れたのは、1948年10月でした。解放後、洋菓子反対運動に参加し、1947年3月1日、五賢中学校の学生たちの3・1運動記念集会にも参加しました。それを終えて観徳亭まで行った時、その時銃口を向けている時に、私たちは若く血気あふれていたので突破しようとしました。その時、先生たちが'お前たち、犬死にするな。生きてまた会おう'と言って、積極的に止めてくれました。もうその先生も亡くなり、一緒にスクラムを組んだ学友も死んで。もうすべて終わりだ、虐殺されるんだと思った時に、私のアボジが区長をしていたので、討伐隊の責任者に、あれは私の息子だと言って、九死に一生を得ました。私が日本に渡り60年間、一番忘れられなかったのは、自分ひとり助かろうとした逃亡者であるという罪の意識でした。4·3が巡り来るたびに、いや、故郷が恋しくなるたびに、犠牲となった4寸(いとこ)を思い出しました。4·3で犠牲になった英霊のために、声を出さずに鎮魂歌を歌いました。酒も飲みました。そして今度の行事を通して、4·3のために離れた地を、4·3によって再び踏みしめました。到着した初日、平和公園に行き黙祷をした時に、私も泣きました。亡くなった人たちは、どんなに悔しかったかと考えたら・・・。そこで私の4寸らの名前も見つけました。しかし、武装隊に参加した先輩らの名前はなく、私たちに生きてまた会おうと説得した先生の名前もありませんでした。名前のない彼らが一層思い出されました。'和解と共生、平和へ向かおう'・・・。本当に良い言葉です。そうしないとなりません。しかし、和解と共生とは言うものの、なぜ武装隊に参加した人々の名前がないのですか？私は不公平だと思います。すべての人たち、貴重な命を失った人たちの名前を見つけ出し、冥福を祈らないといけないのではないか、切にこう思いました。私は恐らく、二度と済州島に来れないでしょう。身体も無理だし年も年だし・・・。後に4·3の資料を読みながら、私たちに国語を教えていた高七鍾先生が南労党の活動をしていたと知りました。当時は知らなかったけれど。その先生が直接つくって聞かせてくれた童詩を今も覚えています。'よく手伝ったねともらったこの林檎、そのまま食べるにはもったいなくて、触っていじっていると、匂いもいいね'その先生の霊前に冥福を祈りながら、とりとめのない話を終わりにします"

(高七鍾：農業学校教師。3・1記念闘争済州道委員会の動員、宣伝部活動。1948年3月、武装蜂起決定の新村会議に参加。武装隊で組織部活動。)

4·3の話を、涙なくして語れる人が何人いるだろうか。おまけにここは、4·3という共通分母の上に集まった人々の懇談会の席である。進行役は、'直接の体験'という生々しい記憶で重くなった雰囲気を少し変えたかったようだ。今回の交流訪問行事への参加を希望する日本人が予想よりも多く、招待する側の負担が心配されたが、自費で参加するという熱気を持った人々のおかげで共にすることができたと、その中でも'日本憲法9条を守る会'の松山英司さんを紹介した。今回の交流訪問行事に8人の会員が参加した。

'日本国民は、正義と秩序を基調とする国際平和を誠実に希求し、国権の発動たる戦争と、武力による威嚇又は武力の行使は、国際紛争を解決する手段としては、永久にこれを放棄する。前項の目的を達するため、陸海空軍その他の戦力は、これを保持しない。国の交戦権は、これを認めない'

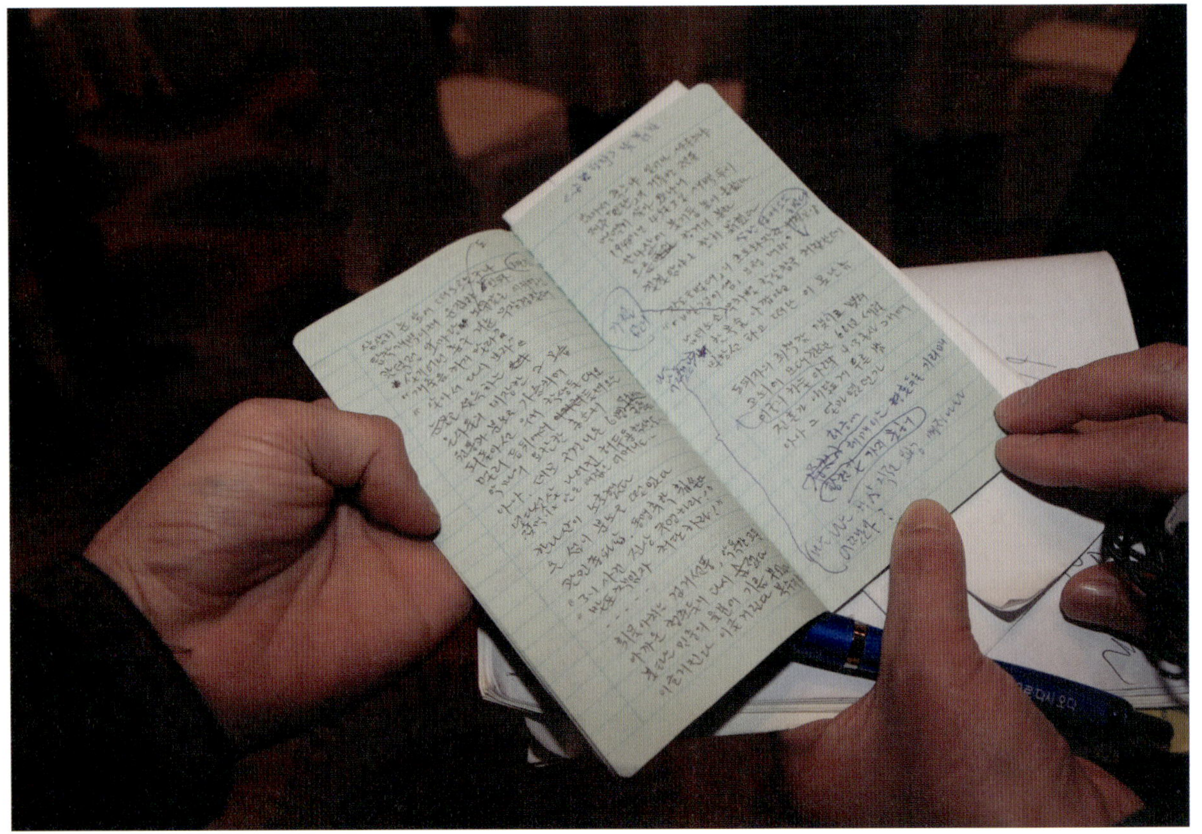

1947년 관덕정 앞마당에서의 3·1사건 체험담과 이후 일본으로 피신, 도피자라는 자책감에 대해 기록한 김진횡 씨의 수첩
1947年、観徳亭広場での3·1事件体験談と、以後日本に避身、逃避者という自責感など記録した金チョンへんさんの手帳

흔히 '평화헌법' 으로 일컬어지며 '세계 시민평화운동의 지침이 되는 조항' 이라는 찬사를 받고 있는 일본 헌법 9조의 내용이다. 그러나 이를 개정하려는 세력으로 인해 끊임없이 위기에 처해왔고, 평화를 사랑하는 많은 사람들을 중심으로 개정을 막는 운동도 끊임없이 이어져 왔다. '헌법 9조를 지키는 일이야말로 세계 평화에 기여하는 일' 이라 믿고 있기 때문이다.

"마츠야마 히데시입니다. 정확히 말씀드리면 '평화헌법을 세계로 미래로 연락해' 에 소속돼 있습니다. 저 같은 경우, 제주 4·3을 알면 알수록 예전에 일본이 조선과 중국 등 아시아에서 저질렀던 수많은 만행이 떠올라 함께 생각하지 않을 수 없었습니다.
북촌 마을주민 학살사건을 보면서는 일본군이 예전에 중국에서 일으킨 해초산 사건이라는 것을 떠올렸습니다. 해초산 사건에서는 일본군이 어린아이와 여자를 포함해 주민 다섯 명을 학살했었습니다. 그리고 사람을 죽이는 경험을 쌓기 위해서 마을주민을 죽였다는 얘기를 듣고, 일본군이 초년병에게 경험을 쌓게 하기 위해서 똑같은 짓을 했던 것을 떠올렸습니다.
제주4·3 당시 이루어진 수많은 고문들은 예전에 일본군 헌병들이 자행했던 고문들 그대로라고 생각합니다.

마츠야마 히데시
松山英司

いわゆる‘平和憲法’と言われ、‘世界平和運動の指針となる条項’という賛辞を受けている日本憲法9条の内容だ。しかし、これを改定しようという勢力により絶えず危機に晒され、平和を愛する多くの人々を中心に、改定をくい止める運動も展開されてきた。‘憲法9条を守ることこそ、世界平和に寄与すること’という信念からだ。

“松山英司です。正確に言いますと、‘平和憲法を世界へ未来へ連絡する’に所属しています。私の場合、済州4·3を知れば知るほど、昔の日本が朝鮮や中国など、アジアで犯した数多くの蛮行が浮かび、一緒に考えずにはいられませんでした。
北村里の住民虐殺事件の現場を見ながら、日本軍が以前中国で起こした平頂山事件を思い出しました。平頂山事件では、日本軍が子供や女性を含む住民5人を虐殺しました。そして、人を殺す経験を積むために村の住民を殺したという話を聞き、日本軍が初年兵に経験を積ませるために同じことをしたのを思い出しました。
済州4·3当時に行われた数多くの拷問は、昔の日本軍の憲兵らがもっぱらしていた拷問そのままだと思います。

아이들과 부녀자를 포함한 주민들 모두를 죽여 버리는 그런 수단이나 방법들은 일본군의 만행이랑 완전히 동일하다고 할 수 있습니다.
제주4·3사건은 일본이 패망해 철수한 다음 일어난 사건이기 때문에 거기에 일본군이 가담한 것은 아닙니다만, 그렇다고 해서 저희들에게 제주4·3이라는 것이 타인의 일만은 아닙니다. 오히려 저희는 일본군이 한반도에 남긴 아비자산이랄까 부채자산이라고 할까 그런 것들을 제주도에 오면서 자각하게 되었고, 그런 마음들 속에서 제주4·3 피해자들에게 죄송하고 송구할 따름입니다. 그런 아비자산을 남긴 일본의 자손으로서 다시 한 번 피해자 여러분들에게 송구한 말씀을 드립니다.
제주4·3의 진정한 해결을 위해서는 아직 가야 할 길이 멀고 지금 그 앞에 놓인 장애물은 수없이 많을 것입니다. 그럼에도 불구하고 저희는 피해자 가족들이 지금까지 피를 짜는 듯한 노력들을 통해서 이루어온 것에 대해 함께하고자 합니다.
3만 명이라는 피해자를 낳았다면 그 피해자를 낳은 가해자도 분명히 존재할 것입니다. 그 가운데 직접적으로 손을 댄, 가담한 가해자 또한 적지 않을 것입니다. 그러나 그 가운데 누구 하나 죄송하다, 고백한 사람이 없다고 듣고 있습니다. 그렇기 때문에 더욱더 제주4·3의 진정한 해결과 화해를 위해서는 가해자의 고백들이 필요할 것입니다. 그것을 요구하는 운동 또한 필요할 것입니다. 그리고 그와 동시에 한국정부가 사실을 인정하도록 하게 하고, 일본정부 또한 침략역사를 인정하고 그것을 자각하게 하는 것 또한 필요할 것입니다.
그렇지만 유감스럽게도 일본에 있어서의 역사인식이 그런 길로 가고 있지는 않습니다. 무엇보다 누가 보더라도 명확한 남경학살은 없었다는 것이라든가 일본군위안부는 없었다는 그런 논들이 통하고 있고, 또 그런 말들을 퍼뜨리고 있는 사람들이 지금 현재 정치를 하고 있습니다. 그리고 누가 보더라도 명백했던 그 침략전쟁을 일본을 지키기 위한 정당한 전쟁이었다는, 역사의 수레바퀴를 거꾸로 돌리고 있는 그러한 세상 또한 존재합니다. 이러한, 일본에서의 역사의 역류, 한국정부의 역사를 되돌리려고 하는 움직임들에 우리는 손을 잡고 함께 맞서야 할 것입니다. 어제 위령제에 참가했던 저희들이 앞으로 여러분들과 함께 손을 잡고 그 힘들을 발휘해나갈 수 있도록 더 노력해야 할 것이고 또 그렇게 할 것입니다."

재일한국인 정치범 구원운동을 했고, 도쿄에서 도쿄실행위원회와 제주4·3 진상규명운동을 함께해 온 '마츠도의 시민모임'에서는 14명이 참가했다. 그중 이마가와 카즈코 씨가 마이크를 잡았다.
제주도의 아름다운 자연을 보면서, 비극적인 역사를 실감하기란 쉽지 않은 일이다. 이마가와 카즈코 씨 역시 제주도의 푸른 하늘과 푸른 바다를 보며 들어올 때는 60년 전 이곳에서 정말 4·3이라는 일이 있었는지 실감이 나지 않았던 모양이다.

"어제 4·3평화공원에서 성대한 위령제에 참가를 하고, 북촌리에 가서 거기서 살아남으신 분의 육성을 직접 들었습니다. 위령탑을 보았고 거기에서 돌아가신 마을주민들에 관한 얘기를 들었는데요, 그런 얘기를 듣는 속에서 60년 전에 진짜 이런 일이 있었구나 실감할 수가 있었습니다. 저희들은 오늘 이 행사가 끝나 내일까지도 제주도의 여러 학살현장을 방문할 예정입니다. 저희들은 일본이 저지른 식민지 지배가 제주4·3사건에도 깊은 관련을 맺고 있다고 생각하고 있습니다. 그러나 일본인들 중에는 제주4·3에 관해서 알고 있는 사람이 거의 없습니다. 우리들이 일본에 돌아가서 할 수 있는 일이 무엇인가를 생각해봤습니다. 가능한 많은 사람들에게 4·3의 실체를 알려내는 것, 그것을 위해 협력하는 것이 저희가 할 수 있는 일이 아닐까요? 사실 좋은 말이 아니라, (방문사업 진행방법에 대한) 비판이나 지적, 문제제기를 해달라고 했는데, 전혀 없지는 않습니다만, 언어의 장벽을 가진 사람들이, 이렇게 많은 사람들이 움직였을 때 이 정도면 충분히 잘해냈다고 생각합니다. 이런 경험들을 저희가 구성해서 다음에 더 나은 기회들이 될 거라고 생각하고, 돌아가서 마츠도에서 간평회를 하고 그런 의견들을 도쿄에 서로 공유하도록 하겠습니다."

婦女子を含む住民すべてを殺してしまうやり方は、日本軍の蛮行と完全に同じだといえます。
済州4·3事件は、日本が敗戦して撤退した後に起きた事件なので、日本軍が荷担したわけではないけれど、だからといって私たちにとって4·3というものが他人ごとではありません。むしろ私たちは、日本軍が韓半島に残した父の遺産というか、負の遺産というか、そういうものを済州道に来て自覚し、そういう気持ちから、済州4·3の犠牲者に申し訳なく思います。そのような父の遺産を残した日本の子孫として、改めて被害者の皆さんにお詫び申し上げます。
済州4·3の本当の解決のために、まだ道は遠く、目前にある障害も多いことと思います。それにもかかわらず、被害者の家族が今まで血をしぼるような努力をして成し遂げたことに、私たちは賛同したいと思います。
3万人という被害者が出たならば、その被害者を生んだ加害者も確かにいるはずです。その中でも直接手をくだし、荷担した加害者も少なくないと思います。しかし、誰も悪かったと告白した人はいないと聞いています。ですから、済州4·3の本当の解決と和解のためには、加害者の告白が必要だと思います。それを要求する運動も、やはり必要だと思います。そしてそれと同時に韓国政府が事実を認めるようにし、日本政府も侵略の歴史を認め、それを自覚させる必要があると思います。
しかし、遺憾ながら日本における歴史認識が、そういう方向に向かっていません。何よりも、誰がみても明確な南京虐殺はなかったとか、日本軍慰安婦はなかったという説がまかり通り、またそういうことを言いふらしている人々が現在政治をしています。そして、誰がみても明白なあの侵略戦争が、日本を守るための正当な戦争だったという、歴史の歯車を逆にまわそうとする動きに、私たちは手を取り共に立ち向かわねばなりません。昨日慰霊祭に参加した私たちが、これからは皆さんと手を取り、その力を発揮できるよう、さらに努力しないといけないし、そうするつもりです"

在日韓国人政治犯救援運動をし、東京で東京実行委員会と済州4·3真相究明運動を共にしてきた'松戸市民の会'からは、14名が参加した。そのうちの今川和子さんがマイクを持った。
済州島の美しい自然を見ながら、悲劇的な歴史を実感するのは簡単なことではない。今川和子さんもやはり、済州島の青い空と青い海を見ながら到着した時は、60年前にここで本当に4·3が起こったのか、実感が湧かなかったようだ。

"昨日、4·3平和公園で盛大な慰霊祭に参加し、北村里に行き、そこで生き残った方の肉声を直接聞きました。慰霊塔を見て、そこで亡くなった村の人々に関する話を聞きましたが、その話を通して、60年前に本当にそんなことがあったんだなあと実感することができました。私たちは今日この行事を終え、明日は済州道内の虐殺現場を訪問する予定です。私たちは日本の犯した植民地支配が、済州4·3事件にも深く関係していると思っています。しかし、日本人の中には、済州4·3について知っている人はほとんどいません。私たちが日本に戻ってできることが何かを考えなければなりません。できるだけ多くの人に4·3の実態を知らせること、そのために協力することが、私たちにできることではないでしょうか？実は良い言葉ではなく、(訪問事業進行方法に対する)批判や指摘、問題提起をしてくれと言われたんですが、まったく無いというわけではありませんが、言葉の壁を持つ人々がこんなにたくさん動くのに、このくらいだったら充分に良くやったと思います。この経験を私たちが活かして、さらに良い機会となるように、帰ってから松戸で話し合い、その意見を東京で互いに共有するようにします"

마츠도의 시민모임 회원으로 참가한 이마가와 카즈코

'松戸市民の會' の会員として参加している今川和子さん

교토 '화산도를 읽는 모임' 에서도 12명이 참가했다. 김석범의 소설 '화산도' 를 윤독하면서 4·3에 대해 학습하고 지속적으로 4·3운동에 관심을 가지고 있는 모임으로, 주로 문학을 하는 사람들로 구성되어 있다. 그중 일본 민주주의 문학회 지부장으로 있는 하시모토 코오이치 씨가 소개되었다.

"저는 어제 4·3 60주년 위령제와 북촌을 방문하면서 큰 감동을 받았습니다. 저는 '화산도' 를 읽는 독자 모임 이외에도 일본에서 탄압받는 사람들을 구원하는 모임에서 치안유지법에 의해 탄압받은 사람들에 대한 명예회복과 보상을 요구하는 운동을 해 왔는데요, 일본에서 전쟁이 끝나고 얼마 안 됐을 때 마츠가와 사건이라는 게 있었습니다. 전사가 반복된 사건이었는데요, 지금 미군에 의한 주장이 아닌가라는 얘기가 되고 있습니다만, 아직 완전하게 진상이 규명된 것은 아닙니다. 이 사건에 의해서 무고죄로 들어간 사람이 굉장히 많은데요, 이 사람들에 대해서 아직도 정부는 탄압을 하고 있고 명예회복은 이뤄지지 않았습니다.

하시모토 코오이치
橋本宏一

京都の'火山島を読む会'からも、12名が参加した。金石範の小説'火山島'を輪読しながら、4·3について学習し、持続的に4·3運動に関心を持っている集まりで、主に文学をする人々から構成されている。その中から、日本民主主義文学会支部長を務める橋本宏一さんが紹介された。

"私は昨日、4·3の60周年慰霊祭と北村里を訪問して、とても感動しました。私は火山島を読む読者の集まり以外にも、日本で弾圧される人々を救援する集まりで、治安維持法により弾圧された人々の名誉回復と補償を要求する運動をしてきましたが、日本で戦争が終わりさほど経たないうちに、松川事件というのがありました。電車が転覆した事件だったんですが、現在、米軍による仕業ではないかという話が出ています。まだ完全に真相が究明されたわけではありません。この事件によって無辜の罪で捕まった人がとても多いのですが、この人々に対して、まだ政府は弾圧をしており、名誉回復は成されていません。

4·3사건 희생자의 명예회복, 정부가 사과를 하게 되는 그런 큰 운동을 여러분이 끌어냈는데요, 이번 제주도의 운동들이 일본에는 큰 격려가 될 것이라고 생각합니다. 저도 일본에 돌아가서 일본정부에 마츠가와 사건의 진상규명과 명예회복을 요구할 수 있도록 하겠습니다.
왜 이렇게 제주도에서는 명예회복과 국가보상이 이뤄질 수 있었는가 생각을 해본다면 역시 여러분들이 현장에 가서 직접 발굴하고 사실들을 밝혀내는 그런 노력들이 결실을 맺었다고 생각합니다.
일본에는 치안유지법이나 마츠가와 사건, 특히 미군이나 일본정부가 공산당이나 노조가 획책한 사건이라고 만들어낸 사건들이 있었는데 저희들 역시 이런 사건들에 대해서 현장을 직접 밟고 관련 자료들을 직접 발굴해 여러 사람들에게 알리면서 진실을 밝히려고 노력을 해왔습니다. 그런 운동 중의 하나로 소설을 쓰거나 시를 쓰거나 연극, 영화를 만드는 방법으로 여러 사람들에게 알려왔습니다.
이런 노력들의 하나로 '화산도를 읽는 모임' 이 출발했는데요, '화산도' 라는 김석범 선생의 장편소설을 읽으면서 생각하고 서로 의견을 나누는 모임입니다. 이런 독자모임을 통해서 한국의 현대사에 대해서 공부하면서 여러 가지를 알게 되었습니다.
앞으로 여러분들이 운동을 해나가면서 여러 가지 곤란한 점도 있을 것이라 생각하지만 문예창작활동이나 영상창작 활동을 통해서 여러 사람들에게 더 많이 사실을 알렸으면 좋겠고, 저도 일본에 돌아가서 명예회복 운동을 열심히 하겠습니다."

마이크는 오사카방문팀으로 넘어갔다. 먼저 김옥환 씨. 방문 첫날 버스에서 고운 목소리로 '비바리' 노래를 불렀던 사람이다.

"저는 아홉 살 때 오사카에서 함덕리로 왔습니다. 그때 아버지는 일본에 있었고, 우리 삼 남매하고 어머니하고, 함덕이 어머니 친정이니까 함덕리로 왔습니다. 열두 살 때 4·3사건이 일어났습니다. 밤이 되면 열다섯 살부터 스무 살 난 청년들이 어깨동무 차가지고 어머니들, 할머니들, 할아버지들이 지나가면 '우리들은 이깁니다. 걱정 마세요.' 그러면서 노래를 불렀습니다."

김옥환 씨는 60년 전에 들었다는 "높이 들어라 붉은 깃발을~" 로 시작해 "죽기 전에 우리들은 붉은 기는 지킨다" 로 끝나는 노래와 "죽음이 세상에 울리면 삼천만 가슴에 새봄이 오르고~" 로 시작해 "8월 15일, 8월 15일" 로 끝나는 노래 두 곡을 불렀다.

"이 노래는 내가 열두 살에 젊은 청년들 부를 때 따라 하면서 외운 겁니다. 4·3 때 우리 어머니는 낮에는 함덕국민학교에 가서 거기 주둔하고 있는 군인들 밥해주고 밤에는, 그때는 산폭도라고 했는데, 물도 길어가고 된장, 간장, 실, 바늘 가져다주고. 이쪽도 무섭고 저쪽도 무섭고, 여기도 아니하면 안 되고 이쪽 사람도 상대하지 않으면 안 되고. 한번은 순경들 와가지고 다 죽인다니까 마을사람들이 하나도 없이 다 숨어버렸어요. 우리 어머니가 사람들 다 가고 없다, 우린 죽어도 집에서 죽자 그래서 우리 삼 남매는 방 안에 있었습니다. 그때 산에 간 사람들은 전부 다 죽여 버렸습니다. 우리는 산에 올라가지 않아서 살았습니다. 어린 시절에 정말로 사람 죽이는 것 많이 봤어요. 사람을 차로 실어다가 함덕 모살밭[모래밭]에서 많이 죽였어요. 임자 있는 사람은 시체를 찾아가서 감추고, 임자 못 찾는 사람은 이제까지 뼈가 있는지 없는지는 잘 모르지만…. 서우봉에 언덕에서 사람 많이 죽여 버렸어요. 어제 와서 정말로 감동했어요. 눈물이 많이 났습니다."

4･3事件の犠牲者の名誉回復、政府が謝罪するという大きな運動を皆さんがなされましたが、今回の済州島の運動が、日本にとって大きな励ましとなると思います。私も日本に戻って、日本政府に松川事件の真相究明と名誉回復を要求するようにします。
なぜこんなに済州島では名誉回復と国家補償が成し遂げられたのかと考えると、やはり皆さんが現場に行き、直接発掘し、事実を明らかにする、そういう努力が結実したのだと思います。
日本では治安維持法や松川事件、特に米軍や日本政府が共産党や労組が画策した事件だとして捏造した事件がありますが、私たちもやはりこのような事件について、現場を直接歩き関連資料を直接発掘し、多くの人に訴えながら真実を明らかにするため努力してきました。その運動のひとつとして、小説を書いたり詩を書いたり、演劇、映画を作るという方法で人々に訴えてきました。
その過程のひとつとして、火山島を読む集まりが出発しました。‘火山島’という金石範先生の長編小説を読みながら考え、互いに意見を分かち合う集まりです。この読者の集まりを通して、韓国の現代史について勉強しながら、多くのことを学びました。
今後皆さんが運動をしながら、さまざまな困難もあると思いますが、文芸創作活動や映像創作活動を通じて、たくさんの人々にさらに事実を訴えていただきたい。私も日本に戻って名誉回復運動を一生懸命します“

マイクは大阪訪問団へ渡された。まず、金玉煥さん。訪問初日のバスで美しい声で‘ビバリ’の歌を歌った人だ。

“私は9歳の時に大阪から咸徳里に来ました。その時アボジは日本にいて、3兄弟とオモニと、咸徳がオモニの実家だから、咸徳に来ました。12歳の時、4･3事件が起こりました。夜になると15歳から20歳の青年らが肩を組んで、オモニたちやハルモニ、ハラボジたちが通り過ぎると、‘私たちは勝ちます。心配しないでください’と言いながら歌を歌いました”

金玉煥さんは、60年前に聞いたという“高く掲げろ、赤い旗を～”で始まり、“死ぬ前に我々は赤い旗を守る”で終わる歌と、“死が世界に響けば、3千万の胸に新春が訪れ～”で始まり、“8月15日、8月15日”で終わる歌2曲を歌った。

“この歌は私が12歳の時、若い青年らが歌う時に真似して覚えました。4･3の時、うちのオモニは昼は咸徳国民学校に行って、そこに駐屯する軍人の食事を作り、夜は、その時は山暴徒と言ったんですけど、水も汲んで、味噌、醤油、糸や針を持っていってあげて。こっちも怖いし、あっちも怖いし。こっちもしないわけにはいかないし、こっちの人も相手しないといけないし。ある時巡査が来て、皆殺すと言うから、村の人がひとり残らず隠れました。うちのオモニが村の人は誰もいない、うちは死んでも家で死のうと言うので、うちの兄弟3人は部屋にいました。その時山に行った人はすべて殺してしまいました。私たちは山に上がらなかったから助かりました。幼い頃、本当に人を殺すのをたくさん見ました。人を車に乗せて咸徳の砂浜でたくさん殺しました。家族のいる人は死体を探して隠し、家族を探せない人は今でも骨が残ってるのかどうか知らないけど・・・。犀牛峰の丘で人をたくさん殺しました。昨日来て、本当に感動しました。涙がたくさん出ました”

김옥환 씨

金玉煥さん

그다음 여든일곱 살 김춘해 씨의 이야기가 이어졌다.

"저는 중문이 출생지입니다. 여섯 살 때 어머니하고 일본 나가서 살다가 스물다섯 살에 제주로 왔습니다. 제주에 오니 왜 왔냐고 했지만 한 10년간 살았습니다. 그 사이 시국이 나난 남편은 먼저 보내버리고. 시누이 남편네가 경관인데 경관 형제간 다 죽여 버릴 때난 무서워서, 폭도놈들 오랜와서…. 나도 샛아버지, 샛동생 돌아갔습니다. 또 이북에서 이북놈들 들어와서 서북청년단, 그냥 무조건하고 말도 안 듣고 남자는 총으로 쏘아버렸습니다. 무서워서 살 수 어선[없어서] 일본에 나가 살다가, 이렇게 오고 보니, 이렇게 많이 노력해서 해주니, 이런 기쁨이 없습니다. 많이 노력해줘서 고맙습니다."

김춘해 씨

金春海さん

その次は、87歳の金春海さんの話が続いた。

“私は中文が出生地です。6歳の時、オモニと日本に行って25歳で済州に来ました。済州に来たら、なんで来たんだろうと思ったけど、10年くらい住みました。その間に時局(4·3)が起きて、夫は先に逃がして。義理の姉の夫が警官だったんだけど、警官の兄弟も皆殺してしまう時だったから怖くて。暴徒の奴らが来て・・・。私も父方の叔父さんと、2番目の弟が亡くなりました。また、以北から以北の奴らが入って来て、西北青年団、言うことを聞かないと無条件に銃で撃ってしまった。怖くて暮らしていけないから、日本に渡って暮らして、こうして来てみると、こんなにたくさん頑張ってくれて、こんなに嬉しいことはありません。本当に頑張ってくれてありがとうございます”

오광현 씨가 고란희 씨와 이복숙 씨 가족에 대해 소개하고 있다.

그다음 마이크를 잡은 이는 고란희 씨. 그는 매우 차분한 목소리로 이야기를 풀어놓았다.

"제가 이번에 온 것은 직접 제주도에서 초청을 받아서입니다. 전화 왔을 때 깜짝 놀랐습니다. 일본에 가서 60년 세월을 살면서 제주도에서 직접 초대를 받은 것은 난생 처음입니다. 정말로 감개무량하고 얼마나 고마운지…. 내가 걸어온 길을 내 눈으로 한 번 보고, 눈물이 앞을 가렸습니다. 어저께 평화공원, 그 장소에 가니까 가슴이 벅차고. 여러 선생님들이 오늘까지 투쟁해서 우리들도 이렇게 한국에 다시 오게 됐는데, 일부 나쁜 사람들이 있어가지고 다시 무마시키려고 한다는 말을 들어서 정말 놀라고 기가 막히고 앞으로 내가 할 일이 무엇인가 생각했습니다. 나는 비록 몸은 일본에 살고 있지만 언제나 우리 조국을 생각하고 남조선에 와가지고 내가 할 수 있는 조그만 일이라도 도와줄 수 있는 일이 있으면 노력하고 싶습니다. 여러분에게 부탁하는 것은 우리는 외세에 의해서 통일이 되는 것이 아니고 우리 민족끼리 남북 사람들이 손을 잡고 통일을 해야 합니다. 통일 없어 나라 없는 백성이 얼마나 고통스럽고…. 지난 일제 36년만 생각해도 우리 부모님, 조상님들이 얼마나 고통을 받았습니까. 앞으로 오는 시대, 우리 자식 손자들 시대에는 넘겨줘선 안 됩니다. 내가 죽을 때까지 한마음 한뜻으로 여러분들하고 손을 잡고 통일을 위해 노력하겠다는 것을 여기 이 자리에서 다짐하겠습니다."

흐느끼는 이복숙 씨와 아들

その後マイクを持ったのは、高蘭姫さん。彼女は非常に静かな声で話し始めた。

“私が今回来たのは、直接済州道から招待されたからです。電話が来た時はびっくりしました。日本に行って60年の歳月を生きながら、済州道から直接招待を受けたのは初めてです。本当に感無量で、どんなにありがたいか・・・。私が歩んできた道をこの目で見ながら、涙で何も見えなくなりました。昨日、平和公園、そこに行って胸がいっぱいで。皆さんが今日まで闘争し、私たちもこうして韓国に再び来れるようになりましたが、一部の悪い人々がいて、また揉み消そうとしていると聞いて、本当に驚き、あきれて、これから私にできることは何なのか、考えました。身体は日本にありますが、いつも祖国のことを考え、南朝鮮に来て私にできる小さなことでも助けになれるよう努力したいです。皆さんにお願いしたいのは、私たちは外部勢力によって統一するのではなく、わが民族だけで、南北の人々が手を取り統一しなければなりません。統一できず、国のない百姓がどんなにつらいか・・・。過去の日帝36年を考えても、私たちの両親、先祖がどんなに苦労したか。これからの時代、私たちの子供、孫の代に残してはいけません。私が死ぬまで、ひとつの心と意思で皆さんと手を取り、統一のために努力するということをこの場で誓います”

한 마디만 하겠다며 마이크를 잡은 이복숙 씨. 무장대 총사령관 이덕구의 조카이기 때문에 겪은 참담한 기억을 한으로 안고 살고 있는 사람이다. 지난 해 제주를 떠난 지 처음으로 고향땅을 밟아 그때 한꺼번에 몰살당한 친척들의 가족묘를 만들고 돌아갔었다. 어제 평화공원에 갔는데 친척들 이름이 한 명도 없었다고 했다. 울음으로 시작된 그의 말은 그를 지켜보는 모든 이에게 눈물을 흘리게 했다.

"저는 열두 살 때 4·3사건을 만났습니다. 내 기억으로는 우리 작은아버지(이덕구)는 중학교 선생이었습니다. … 어느 순간, 열두 살 난 저는, 우리 집안 식구 다 나오지 않으면 집에 불을 붙이겠다고 해서 나갔습니다. 어머니 데리고 나갔는데 조천 바닷가에 창고에 다 데려다 놓고 우리 가족들 다 죽인다고 해가지고 보니까, 작은아버지 이름이 이덕구 총사령관 해서 제주도 신문에 났습니다. 그 덕분에 우리 가족은 다, 스물여섯 명, 작은어머니는 애기들 데리고! 샛어머니는 애기를 업고! … 목숨이 세 번 죽었다 살아난 접니다. 여러분들에게 제 입장을 말할 말은 없지만, 작년 12월 13일에 제가 52년 만에 처음 귀국한 것은 우리 친족들이 여기저기, 아기 없는 어른들은 다 죽은 대로 내버려졌기 때문에 한자리에 모으려고, 내 생전에, 일흔 살이 넘어가니까 여러분 덕택으로 처음으로 12월 13일 52년 만에 고향 땅을 밟았습니다. 내 마음으로는 용서할 수가 없습니다. 용서할 수가 없어도 가족들 한번 모이기 위해…. 이번에 와보니까 죄 없는 많은 사람들, 한 사람 한 사람 이름을…. 다 여러분들이 노력한 덕분이라고 생각합니다. 막내아들을 데리고 평화공원에 갔습니다만, 작은아버지는 총사령관이니까 이름을 안 놔도 좋지마는…. 새파란 우리 가족들, 농사만 짓다가 이 세상에서 조카를 잘못 만나가지고 죽은 목숨들. 우리 형님이 시집을 갔는데 그 시집 가족 부모들 다 죽여 버렸습니다. 그런 사람들 이름을 하나도 못 보니까, 고맙다고 해서 말을 하면 될지! 억울하다고 해서 말을 하면 될지! 어저께는 아들 손잡고, 여기 내가 오면 될 건가, 아니 와야 될 건가, 이런 생각을 마음에 놓고 오늘은 한국땅을 떠나겠습니다. 여러분 정말 고맙습니다."

다음에 마이크를 잡은 사람은 사토 노리코 씨. 학교 교사로 오랫동안 4·3 문제를 공부하고 있다고 했다.

"저는 어릴 적부터 오사카 할머니들하고 같이 지내 왔는데요. 이번에 오사카 할머니들과 오게 돼서 굉장히 기쁩니다. 제가 4·3을 안 지도 10년이 넘었습니다. 관심을 가지게 된 것은 '레드헌트' 라는 다큐멘터리 때문이었습니다. 저는 일본에서 역사를 가르치고 있는데요, 그런 입장에서 4·3사건을 어떻게 생각해야 되는가 생각해보았습니다. 4·3이 왜 발생하게 됐는가 생각해보니까 일본 식민지 지배에 그 원인이 있지 않은가 하는 생각에 도달하게 됩니다. 왜냐하면 친일파라는 것을 일본이 만들어냈기 때문입니다. 친일파들이 4·3과 깊은 관련이 있다고 생각하기 때문입니다. 4·3 때문에 일본으로 피신해온 사람들의 증언을 들어보면 자신들이 4·3에 큰 역할을 했다는 말을 많이 듣습니다. 전후 일본을 어떻게 생각할 것인가, 일본인으로서 4·3을 어떻게 생각할 것인가는 앞으로도 생각해 나가야 할 문제라 생각합니다."

ひと言だけ、とマイクを持った李福淑さん。武装隊総司令官李徳九の姪であるために体験した悲惨な記憶を、'恨'として抱えたまま生きている人だ。昨年、済州を離れて初めて故郷の土を踏み、その時一度に皆殺しにされた親戚らの家族墓地を造って帰った。昨日平和公園に行くと、親戚の名前がひとつもなかったという。涙で始まった彼女の話に、見守る人も皆涙を流した。

"私は、12歳の時に4·3事件にあいました。私の記憶では、叔父さん(李徳九)は中学校の先生でした。・・・ある時、12歳の私は、家族全員出て来ないと家に火をつけると言うので、出て行きました。オモニを連れて出たんですけど、朝天の海辺の倉庫に皆連れて行き、うちの家族を皆殺すと言うので見たら、叔父さんが李徳九、総司令官だと言って、済州道の新聞に出ていました。そのせいでうちの家族は皆、26人、末の叔母さんは子供を連れて！2番目の叔母さんは子供をおぶって！・・・命が3回死んで生き返った私です。皆さんに私の立場を言える言葉はありませんが、昨年12月13日に、私が52年ぶりに初めて帰国したのは、うちの親戚があちこち、子供のいない人たちも皆死んだまま放って置かれたのを、一ヶ所に集めるために、私が生きているうちに、70歳を過ぎたから、皆さんのおかげで初めて、12月13日に52年ぶりに故郷の土を踏みました。気持ちの上では許すことができません。許すことができなくても、家族が一度集まるために・・・。今回来てみて、罪のない多くの人の名前ひとつひとつが・・・。皆さんの努力のおかげだと思います。末の息子を連れて平和公園に行きましたが、叔父さんは総司令官だから名前がなくてもいいけど・・・。若かったうちの家族、ただの農民なのに甥のせいで死んだ命。私の姉さんが嫁に行きましたが、その嫁ぎ先の家族、義理の両親、皆殺されました。そういう人たちの名前がひとつもないから、ありがとうと言えばいいのか！悔しいと言ったらいいのか！昨日は息子の手を握って、私がここに来てもいいのかしら、いや来ないといけないのかしら、そんなことを考えながら、今日、韓国の地を離れます。皆さん、本当にありがとうございます"

次にマイクを持った人は、佐藤典子さん。学校の教師として、長い間4·3問題を勉強しているという。

"私は子供の頃から大阪のハルモニたちと一緒に過ごして来たんですが、今回大阪のハルモニたちと来られて、非常に嬉しいです。私が4·3を知ってから、10年が過ぎました。関心を持ったのは、'レッドハント'というドキュメンタリーのためでした。私は日本で歴史を教えていますが、そういう立場から、4·3事件をどう考えなければならないのか考えてみました。4·3がなぜ起きたのか考えてみると、日本の植民地支配にその原因があるのではないかという思いに辿り着きました。なぜなら、親日派を日本が作ったからです。親日派が4·3と深い関連があると思うからです。戦後の日本をどう考えるのか。日本人として4·3をどう考えるのかということが、今後つきつめていかねばならない問題だと思います"

사토 노리코 씨

佐藤典子さん

도쿄 '한글을 공부하는 모임' 에서 9명이 참가했다. '제주4·3사건을 공부하는 모임' 에서 공부하는 동안 공부할 것이 너무 많다는 생각에서 '한글을 공부하는 모임' 이 만들어졌다고 한다. 그중 재일한국인 피폭자 지원운동을 하고 있는 사사모토 유쿠오 씨가 마이크를 잡았다.

"4·3은 왜 똑같은 사람에게 잔혹한 행위를 할 수 있는가, 그런 것들을 많이 생각하게 되는데, 제주4·3은 같은 한국 사람들 간에 이루어진 일이고, 거기에는 가해자도 있고 피해자도 존재합니다. 1945년에 미군은 일본에 원자폭탄을 투하했습니다. 피폭지였던 히로시마에는 평화가족기념관이 있습니다. 그 입구 비석에 이렇게 쓰여 있습니다. '1945년 8월 6일 원폭이 투하되었다.' 그 원폭을 투하시킨 '미군' 이라는 이름은 들어가 있지 않습니다. 제주4·3평화기념관은 적어도 그렇게 되지는 말아야 한다고 생각합니다. 미국이 일본에 무엇을 했는가. 그리고 지금 현재도 미국정부는 일본정부와 손을 잡아서 그 피폭당한 여러분들을 모르모트처럼 실험 대상으로 쓰고 있습니다. 그 똑같은 미군이 한국에서는 무엇을 했는가, 알아야 될 필요가 있습니다. 4·3의 1차적인 책임은 미국에 있다고 생각합니다. 그렇게 때문에 제주4·3평화기념관에는 입구에 가장 먼저 미국의 책임이 있다는 것을 확실하게 새기고 그다음에 한국정부 그리고 구체적인 가해자 이름을 새겨야 할 것입니다. 저 또한 일본으로 돌아가서 히로시마 평화가족기념관에 미군의 책임을 확실하게 새길 수 있는 일들을 하겠습니다."

사사모토 유쿠오 씨
笹本征男さん

東京'ハングルを学ぶ会'からは、9名が参加した。済州4·3事件を勉強する集まりで勉強する過程で、学ぶべきことがあまりに多いということから、ハングルを勉強する集まりができたという。その中で、在日韓国人被爆者の支援運動をしている笹本征男さんがマイクを持った。

"4·3は、なぜ同じ人間に残酷な行為ができるのか、そんなことをたくさん考えるようになりますが、済州4·3は同じ韓国人の間でなされたことで、そこには加害者も被害者も存在します。1945年に米軍は日本に原子爆弾を投下しました。被爆地だった広島には、平和家族記念館があります。その入り口の碑石にこう書いてあります。'1945年8月6日、原爆が投下された'その原爆を投下させた'米軍'という名前は入っていません。済州4·3平和記念館は、少なくともそうなってはいけないと思います。米国が日本に何をしたのか。そして今現在も、米国政府は日本政府と手を結び、被爆した人々をモルモットのように実験対象としています。同じ米軍が韓国では何をしたのか、知らなければいけません。4·3の1次的な責任は米国にあると思います。そのため済州4·3平和記念館の入り口には、一番最初に米国の責任があるということをはっきり刻み、その次に韓国政府、そして具体的な加害者の名前を刻まねばなりません。私もやはり日本に戻り、広島平和家族記念館に米軍の責任をはっきり書かせる努力をします"

'화산도' 출판 담당이었던 타자키 아키라 씨
〈火山島〉の出版を担当した文芸春秋さん

'편집자 모임' 에서도 4명이 방문했다. 일본 출판사에 근무하면서 4·3에 관련된 여러 가지 출판물들을 편집하고 출판하는 등 일본에서 제주4·3이 알려지는 데 불씨를 피워온 사람들이다. '문예춘추' 편집자였던 시게마츠 타가시 씨에게 마이크가 넘겨졌다.

"저희들은 김석범 선생의 책을 담당해온 사람들입니다. 김석범 선생과 함께 20년 전인 1988년에 제주도를 방문했었습니다. 그 당시 김석범 선생께서는 완도에서 배를 타고 제주로 들어오셨는데, 항구로 들어오면서 여기는 제주도가 아니라고 화를 내시기도 했습니다. 저희들 또한 그 20년 전에 제주에 왔었고 이번에 들어오면서 그간에 거리 등 바뀐 모습이랑 4·3 자체가 바뀐 것에 많이 놀랐습니다. 어제는 북촌리에 갔는데, 제가 20년 전에 왔을 때는 일본군이 옛날에 만들었던 신작로 한쪽 끝 구석에 있었던 아기무덤이, 주변 정비가 잘 돼서 큰 길이 나 있었습니다. 이번에 와서, 시간이 없어서 자세히는 못 봤지만 훌륭한 기념관도 둘러봤습니다. 가능하면 다음에 와서 찬찬히 둘러보고 싶습니다.

양가대 씨 가족
梁佳代さんの家族

'編集者の会' からも、4名が訪問した。日本の出版社に勤務しながら4·3に関連する様々な出版物を編集し出版するなど、日本で済州4·3を広めるのに火を点けてきた人々だ。'文芸春秋' 編集者だった重松卓さんにマイクが渡された。

"私たちは、金石範先生の本を担当してきました。金石範先生と一緒に20年前の1988年に済州道を訪問しました。その当時、金石範先生は莞島から船に乗って済州に入ったのですが、港に入りながら、ここは済州島じゃないと怒られました。私たちもやはり、20年前の済州に訪れ、今回また訪れて、その間の街並みの変化と、4·3自体が変化したことにとても驚きました。昨日は北村里に行きましたが、私が20年前に来たときは、日本軍が昔作った新作路の片端の隅にあったアギムドム(子供の墓)が、周辺がよく整備され大きな道ができていました。今回来てみて、時間がなく細かくは見れませんでしたが、立派な記念館もまわってみました。可能であれば、また来てゆっくりまわってみたいです。

저희들 4명이 얘기한 것이 있습니다. 노무현 대통령이 4·3사건에 관해 공식적으로 사과하면서 남긴 말 중에서 '제주도를 세계의 평화와 인권의 섬으로' 라는 표현이 가장 인상적이었습니다. 물론 제주는 훌륭한 기념관을 만드는 것도 굉장히 중요합니다. 그 기념관을 만드는 데 수억의 돈이 들어갔다고 듣고 있습니다. 그중에 한 일부분만이라도 운영기금을 만들어서, 제주가 세계 평화와 인권을 위한 기금을 만들어서 지금 현재 세계에는 60년 전에 제주 4·3과 같은 일들이, 그보다 더한 일들이, 많은 학살들이 일어나고 있습니다. 그 속에서 평화를 위해서 희생하고 있는 그런 팀들을 한 팀이라도 그 기금을 통해서 매년 제주도로 불러서 제주 4·3정신을 살려 포상을 할 수 있는 그런 것들을 만들면 그것이야말로 제주 4·3을, 제주도를 세계평화와 인권의 섬으로 만드는 길이 아닌가라는 얘기를 저희가 어제 나누었습니다."

이번 도쿄 방문단에는 '동아시아 냉전과 국가 테러리즘을 생각하는 모임', '마츠시로 대본영을 생각하는 모임' 의 회원과 역사에 대해 여러 가지 활동이나 운동을 하는 사람들을 모아 '역사의 모임' 이라는 이름을 붙여 함께 온 팀도 있었다. 모두 15명이 이 팀으로 참여했는데, 그 가운데 네 살짜리 아이를 데리고 온 젊은 부부가 있었다. 남편 아사노 타카오는 일본인이다. 아내 양가대 씨가 마이크를 잡았다.

"저는 재일조선인 3세입니다. 저희 할아버지 할머니가 제주도 출신이고요. 그 당시에 아주 어린아이 하나만 남겨 두고 일본으로 건너가신 뒤 살아생전에 한 번도 제주도를 방문하신 적이 없습니다. 그리고 부모님 또한 한 번도 제주도를 방문하시지 못했습니다. 그런 의미에서 제가 저희 가족들의 마음을 다 업고 이번에 제주도에 참가하게 되었습니다. 어제 4·3평화공원에 가서 그 많은 사람들의 이름이 위패들에 새겨진 것을 보고 한 사람, 한 사람의 인생이 거기에 녹아 있다는 것을 이번에 절감하게 됐습니다. 거기 이름이 새겨진 한 사람, 한 사람의 인생들도 중요하지만, 그곳에조차 이름을 남기지 못한 분들 또한 잊고 싶지 않습니다. 예를 들면 오사카에 계셨던 저희 할아버지나 할머니, 그리고 저희 고모, 그분들 또한 4·3의 경험자들입니다. 고모는 할아버지, 할머니가 제주에 남겨두고 오신 분인데, 그분들은 매일매일 생활에 시달려 삶을 살아가는 데 너무 고단하셔서 그분들의 목소리가 여기까지 닿지는 못하고 있습니다. 4·3의 경험자, 희생자 또한 생활에 쫓겨 그러한 역사를 다시 세우거나 발굴하거나 하는 데 전혀 참여하지 못한 채 침묵으로 살아오신 분들도 많으실 겁니다. 여기 이번 방문단에 참가하신 분들은 그 많은 침묵으로 살아오셨던 분들 중에 아주 일부라는 것, 침묵으로 살아오신 분들이 더 많다는 것을 잊지 않았으면 좋겠고, 저희들도 잊지 않겠습니다. 이 자리에 와 있는 저희들은 아주 운이 좋은, 복 받은 사람들이라고 생각합니다. 저는 딸까지 데리고 왔는데 저의 어린 딸에게도 반드시 전하려고 합니다."

말을 마친 양가대 씨가 어린 딸의 입에 마이크를 대주었는데, 아이는 예쁜 목소리로 아주 또박또박 "감사합니다." 하고 한국말을 선사했다.

私たち4人で話したことがあります。盧武鉉大統領が4·3事件に対し公式に謝罪して残した言葉で、'済州道を世界の平和と人権の島に'という表現が一番印象的でした。もちろん、済州に立派な記念館を建てることも非常に重要です。その記念館を建てるのに、数億の費用がかかったと聞いています。そのうちの一部だけでも運営基金として、済州が世界平和と人権のために基金を作り、現在世界には60年前の済州4·3のようなことが、それよりもっとひどい多くの虐殺が起きています。その中でも平和のために犠牲となっているようなチームに、1チームでもその基金を通じて毎年済州道に呼び、済州4·3精神を活かして褒賞できるようなものを作れば、それこそが済州4·3を、済州道を世界平和と人権の島とする道ではないかという話を、昨日私たちの間でしました"

今回の東京訪問団には、'東アジアの冷戦と国家テロリズムを考える会'、'松代大本営を考える会'の会員と、歴史について様々な活動や運動をしている人々を集め、'歴史の会'という名前を付けて共に参加したチームもあった。全部で15名がこのチームとして参加し、その中に4歳の子供を連れて来た若い夫婦がいた。夫の浅野たかおさんは日本人だ。妻の梁佳代さんがマイクを持った。

"私は在日朝鮮人3世です。私のハラボジ、ハルモニが済州島出身です。当時、まだ小さな子供ひとりを置いて日本に渡った後、生きているうちに一度も済州島に来ることがありませんでした。そして両親も一度も済州島に来たことがありません。そういう意味で、私が私の家族の気持ちを全部背負って今回参加することになりました。昨日、4·3平和公園に行き、あのたくさんの人々の名前が位牌に刻まれているのを見て、ひとりひとりの人生がそこに込められているのを強く感じました。そこに名前が刻まれたひとりひとりの人生も大切だけど、そこにさえ名前を残すことのできない方たちのことも、忘れたくありません。たとえば、大阪にいた私のハラボジやハルモニ、そして父方の叔母もまた、4·3の経験者です。叔母はハラボジ、ハルモニが済州に置いて来たのですが、そういう人たちは毎日毎日の生活が苦しく、生きていくのに精一杯で、そういう人たちの声はここまで届きません。4·3の経験者、犠牲者または生活に追われ、そういう歴史を再び発掘するようなところにはまったく参与できないまま、沈黙して生きてきた人たちも多いと思います。ここで、今回の訪問団に参加された方は、その多くの沈黙の中で生きてきた方たちの中でもごく一部だということ、沈黙の中で生きてきた方たちがもっと多いということを忘れないでほしいし、私たちも忘れません。私は娘まで連れて来ましたが、幼い娘にも必ず伝えようと思います"

話を終えた梁佳代さんが幼い娘の口にマイクを当てると、子供はかわいい声で一語一語"カムサハムニダ(ありがとうございます)"と韓国語で挨拶した。

원동일 씨

元東一さん

이어서 마이크를 건네받은 사람은 도쿄방문단으로 온 마흔네 살의 원동일 씨. 4·3 당시 제주농업학교 학생이었던 그의 아버지는 무장대 활동을 하다가 잡히기 직전에 일본으로 빠져나갔다.

"저의 아버지가 4·3사건 때 산으로 올라가서 투쟁을 하고 있었는데, 토벌대들이 몰려올 때 할머니가 자기 아들을 살리기 위해 손으로 막아서 아들을 도망시켰는데, 할머니가 그때 잡혀가지고 희생을 당했습니다. 평화공원에 가서 할머니랑 친족 할머니의 이름들을 봤습니다. 저는 호적이 없습니다. 아버지가 일본에 빠져나왔을 때 사형선고를 받아서 일본에 도망 왔으니까 행방불명으로 사망신고가 되었기 때문입니다. 우리 가족들은 호적에 못 올라가고 어머니도 아버지랑 결혼을 하지 않은 것으로 되어 있습니다. 그래서 호적을 만들려고 지금 제주에서 재판을 하고 있습니다. 아버지는 16년 전에 세상을 떠나셨습니다. 그래서 제 손으로 명예를 회복하고자 재판을 하고 있는데, 그것은 왜 안 되는가 하면, 4·3사건 때 일본에 빠져나간 사람들은 명예회복 대상 밖에 있답니다. 아버지 이름이 평화공원에 올라간다 안 올라간다는 제쳐놓고 명예를 회복해주는 것만이라도 하려고, 여기 찾아와가지고 눈으로 보고 앞으로도 그런 많은 사업을 추진해가지고 여러 선생님과 손을 잡고 해나가자는 그런 굳은 결심을 더 많이 가져서 오늘 일본에 돌아가려고 생각하고 있습니다."

진지하게 체험담을 듣는 참가자들

続いてマイクをまわされた人は、東京訪問団として参加した44歳の元東一さん。4·3当時済州農業学校の学生だった彼の父親は、武装隊の活動をして捕まる直前に日本へ逃れた。

“私のアボジは、4·3事件の時に山に登り闘争をしていたのですが、討伐隊が攻撃してくる時にハルモニが自分の息子を助けるために手で防いで息子を逃がしましたが、ハルモニがその時に捕まって犠牲となりました。平和公園に行き、ハルモニと親戚のハルモニたちの名前を見つけました。私は戸籍がありません。アボジが日本に逃げて来た時、死刑宣告を受けて日本に逃げたので、行方不明として死亡申告されたためです。うちの家族は戸籍を作ろうと今、済州で裁判をしています。アボジは16年前にこの世を去りました。だから私の手で名誉を回復しようと裁判をしていますが、それがなぜできないのかというと、4·3事件の時に日本に逃げた人たちは名誉回復の対象外にあるというのです。アボジの名前が平和公園にある、ないはさて置き、名誉の回復をしてあげようと、ここに来て、目で見て、これからたくさんの事業を推進して、先生方と手を取りやっていこうという固い決心をさらに強くして、今日、日本へ帰ろうと思っています”

김민주 씨
金民柱さん

김동일 씨
金東日さん

김민주 씨가 마이크를 잡았다. 그는 조천중학원 학생으로 4·3 때 입산했다가 1949년 4월경 붙잡혀 인천소년형무소에 수감됐는데 한국전쟁 때 인민군에 의해 옥문이 열리자 일본으로 피신했다. 1987년 김석범 · 현광수 씨와 함께 도쿄에서 4·3좌담회를 조직하고 1988년 도쿄에서 열린 4·3 40주년 추도집회에서 사무국장을 맡았었다.

"제가 4·3사건을 체험한 것은 중학교 2학년 때였습니다. 그때 같이 있던 동창생도 여기 있습니다. 나는 제주도를 떠날 때 어떤 생각을 가지고 있었느냐면, 두 번 다시 제주도 고향엔 안 찾아 올 거다, 왜냐? 이렇게 지독한 땅이 어디 있느냐! 그런 생각을 가지고 안 돌아오려고 했었습니다. 그런데 어저께 성대한 추도식이 진행돼는 걸 보고 다시금 지난 자기 과거지사에 대해서 재평가받았다는 생각이 들어서 나는 명예가 회복됐다는 생각을 하고 있습니다. 앞으로는 자주 들어오겠습니다. 언제까지 살아질는지 모르겠습니다만. 제가 제주도를 떠나 지금까지 이름이 다섯 개 있습니다. 왜 다섯 개 있느냐면, 제가 4·3과 관련하기 때문에 다섯 개가 돼버렸습니다. 하나 만들어 놔두면 탄로 나고, 탄로 나고 그래서 다섯 개가 돼버렸습니다. 지금 현재 쓰고 있는 김민주는 비교적 오래 쓰고 있습니다만, 제 본명은 김태봉입니다."

김민주 씨가 얘기하는 조천중학 동창생 김동일 씨가 마이크를 넘겨받았다.

"제주도를 떠나 52년 만에 꿈에도 그리던 나의 이 제주도땅에 발을 디딜 때 슬픔이라고 할까, 감개무량이라고 할까, 뭐이라고 해석하면 좋을지 모르겠습니다. 정말 우리의 4·3이라는 것은 이 세상에서 존재가 없었는데 이렇게 성대하게 해줘서 대단히 감사합니다. 그런데 제가 그저께 평화공원에 갔댔어요. 가서 보니까 강진화 이름이 없으니까 그 앞에서 30분 이상 통곡했어요. NHK 분들이 같이 갔지만, 그 앞에서 왜 강진화 그 이름이 없냐고 정말로 불만족하다고 막 외쳤어요. 그분들이 다음날 제가 태어난 고향 조천에 발을 디디게 만들어 줬어요. 그래서 만세동산 앞에서, 일제시대에 조국의 독립을 위해 만세를 불렀던 아버지 앞에서, '아버지, 딸이 살아서 왔습니다. 아버지! 아버지 영혼은 언제나 살아 있습니다. 여기 계신 순국열사 분들의 영혼은 언제나, 언제나 영원히 살아 있습니다. 이제는 걱정 말고 천국에 가주세요. 이 딸이 아버지 앞에서 만세를 불러도 되는 딸인지 모르겠지만 만세라도 부르고 가겠습니다.' 하고 만세를 부르고 왔습니다. 어제 누가 저에게 어떠냐고 묻길래 반은 기쁘고 반은 불만족하다고 했습니다. 죄송합니다. 새로운 우리의 역사를 만들어주셔서 대단히 감사합니다."

현재 '제주4·3을 생각하는 모임'의 회장이자 도쿄방문단장인 조동현 씨가 신문광고 부분을 복사해 들고 나와 마이크 앞에 섰다.

"제가 들고 있는 이것은 (한국의 극우 · 보수단체에서) 동아일보, 조선일보에 의견광고를 낸 부분을 복사한 것입니다. 일본으로 치자면 아사히신문처럼 몇백만 부가 나가는 일간지인데요, 여기에 제주4·3평화기념관 개관을 연기시켜야 한다는 것, 제주4·3평화기념관이 역사를 왜곡시키고 있다는 것, 새롭게 개정된 진상규명법을 없애야 한다, 그것을 다시 해야 한다는

金民柱さんがマイクを持った。彼は朝天中学院の学生として4·3の時に入山し、1949年4月頃捕まり、仁川少年刑務所に収監されたが、朝鮮戦争の時に人民軍により監獄の門が開かれると、日本に逃げた。1987年、金石範、玄光洙さんと共に東京で4·3座談会を組織し、1988年に東京で開かれた4·3事件40周年の追悼集会で事務局長を務めた。

"私が4·3事件を体験したのは、中学校2年の時でした。その時一緒にいた同級生も、ここにいます。私は済州島を離れる時、何を考えていたかというと、二度と故郷には来ない、と。なぜか？こんなにひどい場所がどこにありますか！そう思って、戻ってこないつもりでした。ところが昨日、盛大な追悼式が行われるのを見て、改めて過ぎた過去について再評価されたという気持ちになり、私は名誉が回復されたと思っています。これからは頻繁に来たいと思います。いつまで生きられるかわかりませんが、私が済州を離れて今まで、名前が5つあります。なぜ5つかというと、私が4·3と関連しているため、5つになってしまったのです。ひとつ作っておくとばれ、またばれ、それで5つになってしまいました。今現在使っている金民柱は、比較的長く使っていますが、私の本名は金テボンです"

金民柱さんが話していた朝天中学の同級生だった金東日さんが、マイクを渡された。

"済州島を離れて52年ぶりに、夢に見た私のこの済州島の土に足をつける時、悲しみというか、感無量というか、何と言って解釈したらいいかわかりません。本当に私たちの4·3というものは、この世に存在することができなかったのに、こうして盛大にしてくれて、本当にありがとうございます。ところで私は、おととい平和公園に行ったんです。行ってみたらカンジンファの名前がなくて、その前で30分以上泣きました。NHKの人たちと一緒に行ったんだけど、その前で、どうしてカンジンファの名前がないのって、本当に不満だって叫んだんです。その人たちは次の日に私が生まれた故郷の朝天里に連れて行ってくれました。だから万歳の丘の前で、日帝時代に祖国の独立のために万歳を叫んだアボジの前で、アボジ、娘が生きて来ました。アボジ！アボジの魂はいつまでも生きています、ここにいる殉国烈士の方たちの魂はいつまでも、いつまでも永遠に生きています。もう心配しないで天国に行ってください。この娘がアボジの前で万歳を叫んでもいい娘なのかわからないけど、万歳を叫んで帰ります、と言って万歳を叫んできました。昨日、誰かが私にどうですかって聞くから、半分は嬉しく半分は不満だって言いました。すみません。新しい私たちの歴史を作ってくださって、本当に感謝しています"

現在'済州4·3を考える会'の会長であり、東京訪問団長の曺東鉉さんが、新聞広告をコピーしたものを持ってマイクの前に立った。

"私が持っているのは、(韓国の極右・保守団体から)東亜日報、朝鮮日報に意見広告を出した部分をコピーしたものです。日本で言えば、朝日新聞のように数百万部出てる日刊紙です。ここに済州4·3平和記念館開館を延期させねばならない、済州4·3平和記念館が歴史を歪曲させている、4·3真相究明特別法を廃止し、4·3究明をやり直さねばならないという広告を出し

신문광고를 설명하는 조동현 단장

광고를 내고 있는 것입니다. 4·3평화기념관에 관한 방해작업의 하나라고 할 수 있는데 지금 평화공원에 안치되어 있는 13,564명 중에는 다수의 폭도가 포함되어 있다, 이들을 빼야 한다, 그 대신에 군 · 경찰로 돌아가신 분들을 넣어야 한다는 아주 격렬한 표현의 의견광고를 낸 것입니다. 이번 위령제에 당연히 이명박 대통령은 참석하지 않았습니다. 대통령 명의의 화환도 없었습니다. 이번 위령제에 관해서 사실은 저도 크게 실망을 했습니다. 어제 국무총리 인사말은 몇 년 전에 노 대통령이 말한 사죄의 말과 엄청난 차이가 있습니다. 이것 또한 4·3이 얼마만큼 후퇴하고 있는지 명확하게 보여주고 있는 것입니다. 지금까지 싸움을 통해서 승리해 얻은 것들을 어떻게 지켜갈 것인가가 저희에게 큰 과제일 것입니다. 물론 거기에 관해서 서둘러 안달 낼 필요는 없겠지만 천천히 함께 확실히 해나가야 할 것입니다."

신문광고를 보는 방문단 일행

ています。4·3平和記念館に対する妨害作業のひとつと言えますが、今、平和公園に安置されている13564名には多くの暴徒が含まれている、それらを取り除かないといけない、その代わりに軍・警察として亡くなった人たちを入れねばならないという、非常に強烈な表現の意見広告を出しています。このたびの慰霊祭に、当然ながら李明博大統領は参席しませんでした。大統領の名義の花輪もありませんでした。今回の慰霊祭については、実は私も非常にがっかりしました。昨日の国務総理の挨拶は、数年前に盧大統領が言った謝罪の言葉と非常に大きな違いがあります。これもまた4·3がどのくらい後退しているのか、明らかに見せてくれるものです。今まで闘いを通して勝利し得たものをどうやって守るのか、私たちにとって大きな課題であります。もちろんそれについて急いであせる必要はありませんが、ゆっくりと共に確実にやっていかなければなりません"

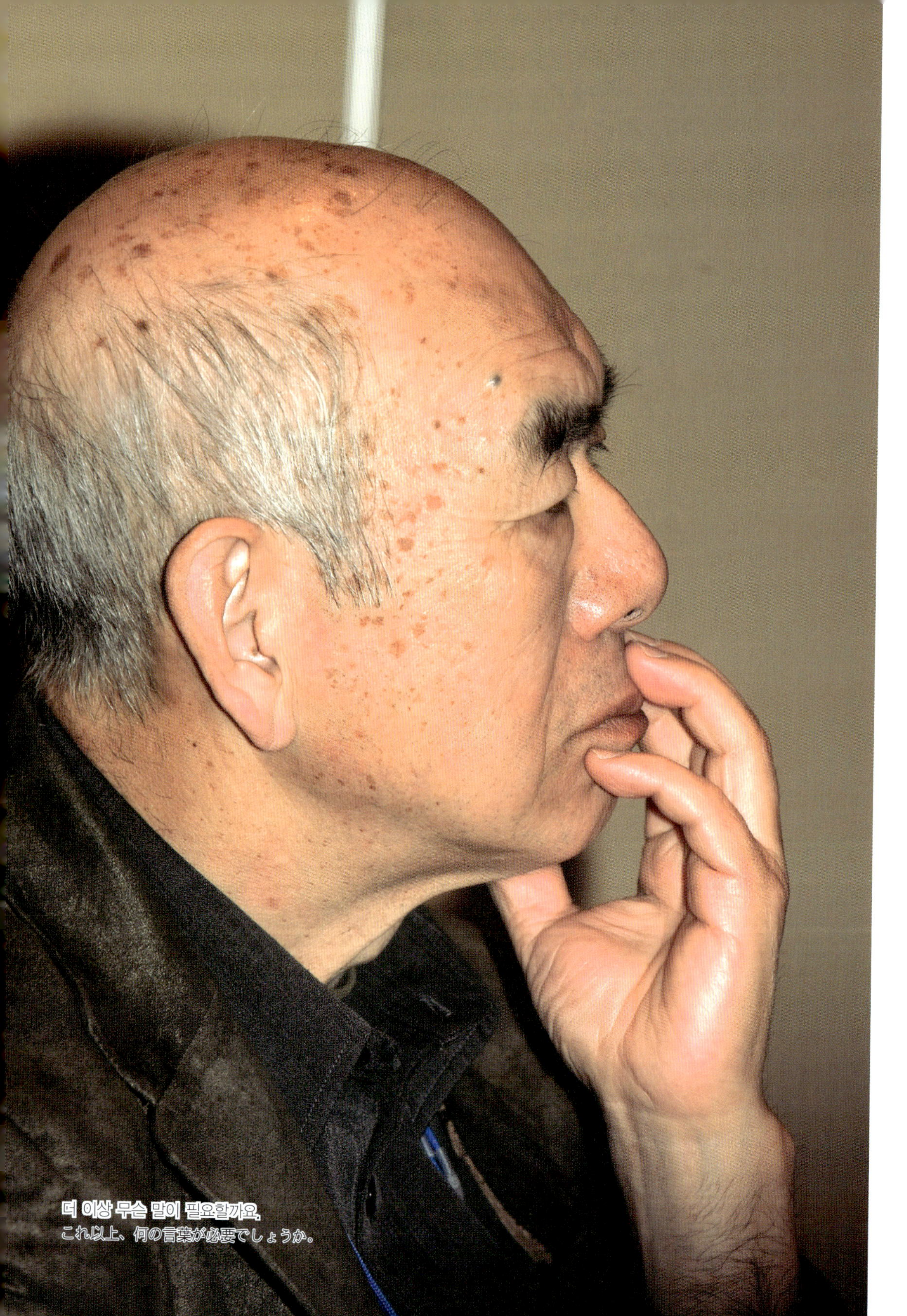

더 이상 무슨 말이 필요할까요.
これ以上、何の言葉が必要でしょうか。

양동윤 집행위원장

끝으로 4·3 60주년 기념사업추진위원회 양동윤 집행위원장이 마이크 앞에 섰다.

"이역만리에서 민족적 차별을 극복하고 4·3진상규명을 위해서 노력했던 우리 동포들과 우리 동포들을 도왔던 고마운 일본 분들에게 저희들은 이 사업을 통해서 대한민국 사람들, 제주도 사람들의 따뜻한 마음을 전하고 싶었습니다. 이제 우리들이 헤어질 시간이 다 됐습니다. 2박 3일 동안의 시간, 저는 말은 통하지 않아도 여러분의 따뜻한 눈빛으로 여러분의 고마운 마음을 느낄 수 있었습니다. 60주년 기념사업회는 이제 사업을 계속 진행할 것입니다만, 지금까지 4·3진상규명과 희생자 명예회복에 관한 운동을 해왔고 서울에 있는 그리고 제주도내에 있는 사회단체 여섯 개 단체가 결성돼서 지금 활동을 하고 있습니다. 이 점만은 분명하게 여러분들한테 말씀드릴 수 있습니다. 저희들이 군사독재에 저항해서 싸웠습니다. 4·3특별법도 만들어냈습니다. 4·3평화공원도 만들어냈습니다. 최근에 와서 4·3을 가지고 이념의 잣대로 재려고 하는 수구세력들이 준동하고 있습니다. 약속드립니다. 저희들은 이러한 준동에 맞서서 힘이 모자라지만 끝까지 싸울 것이고 반드시 분쇄할 것입니다. 여러분의 걱정은 저희들이 명심하라는 교훈으로 갖겠습니다. 안심하시고 편안한 마음으로 돌아가시기 바랍니다."

간담회가 끝난 자리, 북촌 위령비에 당시 희생된 4명의 친족들 가운데 세 명의 이름이 올라 있지 않다며 어찌된 일인지를 물었던 재일동포 2세 이천파 씨에게 강태권 씨가 약속대로 자료를 챙겨다 보여주었다. 세 명의 이름은 아명으로 올라가 있었던 것이다.

간담회를 마친 재일동포·일본인 4·3교류방문단 일행은 점심 식사를 하고 해단식을 가진 뒤 4·3 60주년을 맞아 제주섬과 함께 보낸 꿈같은 2박 3일을 가슴에 품고 저마다의 삶 속으로 돌아갔다.

最後に、4·3　60周年記念事業推進委員会の梁東允執行委員長が、マイクの前に立った。

“遠い異国で民族的差別を克服し、4·3真相究明のために努力してきた同胞と、同胞を助けてくれたありがたい日本の方たちに、私たちはこの事業を通じて、大韓民国の人間、済州道の人間の暖かい心を伝えたいと思いました。もう別れの時間となりました。2泊3日の間、言葉は通じなくとも、皆さんの暖かいまなざしで、皆さんの気持ちを感じることができました。60周年記念事業会はこれからも事業を続けます。これまでに4·3真相究明と犠牲者の名誉回復に関する運動をしてきましたし、ソウル、そして済州道内に6つの社会団体が結成され、活動をしています。この点だけは、はっきり皆さんに申し上げられます。私たちは軍事独裁に抵抗し、闘ってきました。4·3特別法も作りました。4·3平和公園も作り上げました。ここに来て4·3に対し、理念のものさしで計ろうとする守旧勢力が動いています。約束します。私たちはこのような動きに立ち向かい、力不足ではありますが、最後まで闘い、必ず粉砕します。皆さんのご心配の声は、肝に銘じろという、私たちへの教訓として受け取ります。安心して、安らかな気持ちでお帰りください”

懇談会が終わった席で。北村里の慰霊碑に、当時犠牲となった4名の親戚のうち3人の名前が載っていないと理由を尋ねていた在日2世の李千波さんに、カンテグォンさんが約束通り資料を持って見せに来た。3人の名前は、幼名で載っていたのだ。

懇談会を終えた在日同胞・日本人4·3交流訪問団の一行は、昼食を取り、解団式をした後、4·3　60周年を迎え、済州島と共に送った夢のような2泊3日を胸に抱いて、それぞれの生活の中へと帰って行った。

에필로그

이번 4·3교류방문단과 함께 돌아다닌 3일 동안 가장 많이 본 문구는 '4·3으로 떠난 땅, 4·3으로 되밟다' 였다. 방문단이 도착하는 제주국제공항 대합실에서 그들을 환영하느라 펼쳐든 현수막에서부터 눈에 박히기 시작한 이 문구는 그들과 함께 타고 다닌 버스들 앞에도 붙어 내내 따라다녔다.

재일동포들의 '4·3으로 떠난 땅' 과 '4·3으로 되밟은 땅' 사이에는 60년이 놓여 있다.
그러나 문구 안에는 '쉼표' 하나만 찍혀 있을 뿐이다.
그 쉼표 하나가 많은 생각을 하게 만들었다.
저거 하나 찍는 데 60년이 걸렸구나, 숨 한 번 쉬기 위해 60년을 돌아 왔구나, 저 쉼표가 60년의 기억을 품고 있겠구나.
그 쉼표 하나가 너무나 무겁고, 길고, 깊게 느껴졌다.

60년의 기억을 안고, 60년을 돌아 밟은 땅에서, '3일' 은 너무 짧다.
이번에 방문한 대부분의 재일동포 1세들은 생애 '마지막 4·3 방문' 이 될 것 같다고 했다.
그러니 오죽이나 소중한 3일인가!
그런 사람들을 붙잡고 4·3의 기억을 풀어놓으라며 시간을 빼앗기가 너무나 미안했다.

재일동포 1세들이 풀어놓는 4·3의 기억은 때론 사진처럼 튀어나오고, 때론 동영상처럼 흘러나왔다. 그런데 이상하게도 흑백의 이미지밖에 떠오르지 않았다.
60년 전의 제주바다는 지금보다 더 푸르렀을 터이고, 그해 봄에도 물오른 연둣빛 새순들과 수많은 꽃송이들이 앞다투어 피어났을 것인데, 왜?
그동안 보아온 4·3 당시의 사진과 동영상이 모두 흑백이어서인가?
아니다.
'빛' 을 잃어버렸던 야만의 시대, 그 어두운 역사의 비극 속에 놓여있던 4·3을 총천연색으로는 차마 떠올릴 수 없기 때문이다.

4·3특별법이 제정되고, 정부차원의 진상보고서가 만들어지고, 대통령이 사과하고, 4·3평화공원이 조성되고, 4·3평화기념관이 개관되고, 청소년이었던 이들이 4·3으로 떠난 땅을 백발의 노인이 되어 4·3으로 되밟았어도, 4·3은 여전히 제 이름을 찾지 못한 '백비' 인 채로 누워 있다.

초청된 재일동포 1세들이 4·3으로 떠난 제주땅을 60년 만에 4·3으로 되밟아보고, 내일을 기약할 수 없는 삶 속으로 돌아간 사흘 뒤인 4월 8일, 한국인 최초 우주인이 우주선을 타고 우주로 날아갔다.
그 우주선의 발사 장면을 국민들과 함께 지켜보기 위해 서울시청 앞 광장을 찾은 이명박 대통령은 "오늘 이 자리는 '선진한국' 을 위한 출발의 자리" 라며 "10년 후 '세계 7대 우주강국의 꿈' 을 함께 이뤄가자." 라고 말했다고 한다.

エピローグ

4·3交流訪問団と共にまわったこの3日間、最も多く見た文句は、"4·3で離れた地、4·3で再び踏みしめる"だった。訪問団が到着する済州国際空港ロビーで彼らを歓迎しようと広げた垂れ幕から目に焼きつき始めたこの文句は、彼らと共に乗ったバスの前にも付けられ、ずっとついてまわった。

在日同胞たちの'4·3で離れた地'と'4·3で再び踏みしめる地'の間に60年がある。
しかし、文句の中には'読点'がひとつ打ってあるだけだ。
その読点ひとつが、たくさんのことを考えさせる。
これをひとつ打つのに60年がかかったんだなあ。一息つくのに、60年が巡ってきたんだなあ。あの読点が60年の記憶を抱えているんだなあ、と。
あの読点ひとつが、とても重く、長く、深く感じられた。

60年の記憶を抱いて、60年を巡って踏みしめた地での'3日'は、あまりにも短い。
今回訪問したほとんどの在日1世は、生涯で'最後の4·3訪問'になりそうだと語った。
しかし、なんて貴重な3日間だろうか！
そのような人々を捕まえて、4·3の記憶を洗いざらい語れと時間を奪うのが、とても申し訳なかった。

在日1世らが語る4·3の記憶は、時には写真のように飛び出し、時には動画映像のように流れ出た。ところがおかしなことに、白黒のイメージしか浮かばなかった。
60年前の済州の海は、今よりももっと青かっただろうし、その年の春にも黄緑色に芽吹く新芽とたくさんの花が先を競って咲いていたはずなのに、なぜだろうか？
その間見てきた4·3当時の写真と映像が、すべて白黒だったからなのか？
いや、違う。
'光'を失ってしまった野蛮な時代。その暗い歴史の悲劇の中に置かれた4·3を、総天然色ではとても思い浮かべることができないからだ。

4·3特別法が制定され、政府レベルの真相報告書が作成され、大統領が謝罪し、4·3平和公園が造成され、4·3平和記念館が開館し、青少年だった彼らが4·3で離れた地を、白髪の老人になって4·3で再び踏みしめても、4·3は相変わらず自分の名前すら見つけられないまま、'白碑'のまま横たわっている。

招待された在日1世が、4·3で離れた済州の地を、60年ぶりに4·3で再び踏みしめ、明日を約束できない人生の中へ帰って行った3日後の4月8日、韓国人初の宇宙飛行士が宇宙船に乗って宇宙へ飛び立った。
その宇宙船の発射場面を国民と共に見守るため、ソウル市庁前の広場を訪れた李明博大統領は、"今日のこの場所が、'先進韓国'のための出発地点"だと言い、"10年後、'世界7代宇宙強国の夢'を共に成し遂げよう"と述べたという。

그 뒷날인 4월 9일 대한민국은 제18대 국회의원 총선거를 치렀고, 제주지역에서 여당인 한나라당 공천을 받고 출마한 후보들은 다 떨어졌다.

그리고 4월 16일, 행정안전부의 위원회 정비계획 발표가 있었다. 소관 위원회 81개 가운데 60개를 정비하고 21개만 남기기로 했다는 것이다.
행정안전부는 정비대상으로 선정된 60개 위원회 가운데 훈령과 예규에 근거한 32개 위원회는 즉시 폐지하고 대통령령에 근거한 위원회 7개는 4월 중 정비계획을 수립해 5월 중에 일괄 정비하며, 법률에 근거한 위원회는 6월 입법계획에 반영해 정비할 계획이라고 밝혔다.
다만, '제주4·3사건진상규명 및 명예회복위원회(4·3위원회)' 등 과거사위원회 5개는 차기 국회에서 다른 과거사위원회와 연계하여 조치할 예정이라고 덧붙였다.

이에, 이명박 정부가 결국 4·3위원회를 폐지키로 방향을 잡은 것이 아니냐는 의혹이 일었고, 도내 15개 시민단체로 구성된 '제주4·3민중항쟁 60주년 정신 계승을 위한 공동행동' 은 "4·3위원회 폐지 재추진 이명박 정권을 규탄한다!" 라는 성명서를 발표했다.
이들은 성명을 통해 "이명박 정부가 다시 한 번 제주도민들을 우롱하려 하고 있다. 행정안전부는 16일 정부의 각종 위원회 축소 방침 속에 4·3특별법에 명문화된 4·3위원회 폐지방침을 다시 들고 나왔다." 고 비판하고 "4·3위령제에 대통령이 참석하기로 했다가 일부 우익세력의 반발 등으로 발길을 되돌리더니 우려했던 바대로 총선이 끝나자마자 4·3위원회 폐지방침을 밝힌 것" 이라며 "제주지역 총선에서 한나라당 후보들이 전패한 것에 대한 앙갚음하는 것 마냥 도민들에게 일방 통보하는 모습을 보면서 이명박 정부가 과연 누구를 위한 정권인지는 더욱 분명해 진다." 고 규탄했다. 그리고 "이명박 정부가 끝내 4·3위원회 폐지 방침을 강행한다면 우리는 제주도민들을 비롯해 양심적인 세력들과 연대해 끝까지 4·3위원회 폐지 저지를 위한 투쟁으로 맞설 것" 이라고 했다.

이날, 서울에서는 '4·3평화기념관 개관 중지' 와 '이명박 대통령의 위령제 참가 중지' 를 요청했던 국가정체성회복국민협의회(국정협)의 창립총회 및 창립기념식이 있었다.
대한민국재향군인회, 성우회, 뉴라이트전국연합, 국민행동본부 등 예비역 및 정통보수, 뉴라이트 단체, 학계, 종교계 등 범보수진영 95개 단체가 연합해 창립된 국정협은 창립사에서 "대한민국 건국 60주년을 맞는 올해를 국가정통성 확립의 전환점으로 삼아 '좌파정권 10년 청산' 을 목표로 진정성 있는 국민화합과 바른 국가관 · 역사관 정립에 나서겠다." 라고 밝혔다.
창립총회에서 초대 의장으로 선출된 재향군인회장 박세직 씨는 제주4·3에 대해 언급하며, "정부의 〈제주4·3사건 진상보고서〉에 무장폭동을 주도한 제주도인민위원회를 '대중의 지지를 받고 강력했지만 온건했다.' 라고 평가, 진압작전에 참가한 군 · 경은 양민학살자가 됐다." 라며 "친북 · 좌파세력들이 조직적으로 훼손시킨 국가 정통성과 정체성을 회복하는 데 정진할 수 있도록 성원해 달라." 라고 했다고 한다.

1948 무자년에서 2008 무자년으로 60년 세월을 건너온 4·3은 지금 어디로 가고 있는가.
4·3은 아직도 끝나지 않았다.

その翌日の4月9日、大韓民国は第18代国会議員総選挙を実施し、済州地域では与党のハンナラ党の公薦を受けて出馬した候補者らは皆落選した。

そして4月16日、行政安全部の委員会整備計画の発表があった。81の所管委員会のうち、60を整備し、21ヶ所だけを残すことにしたというのだ。
行政安全部は、整備対象として選定された60の委員会のうち、訓令と例規に基づいた32の委員会は即時廃止し、大統領令に基づいた委員会7つは、4月中に整備計画を樹立し、5月中に一括整備し、法律に基づいた委員会は、6月の立法計画に反映させ整備する計画を明らかにした。
ただし、'済州4・3事件真相究明および名誉回復委員会(4・3委員会)' など、過去史委員会5つは、次期国会で別の過去史委員会と一緒に措置する予定だと付け加えた。

これに、李明博政権が結局、4・3委員会を廃止する方向で考えているのではないかという疑惑が起こり、道内15の市民団体で構成した '済州4・3民衆抗争　60周年精神継承のための共同行動' は、"4・3委員会廃止の再推進、李明博政権を糾弾する！" という声明を発表した。
彼らは声明を通して、"李明博政府が再び済州道民を愚弄している。行政安全部は、16日の政府の各種委員会縮小方針の中で、4・3特別法に明文化された4・3委員会廃止方針を再び取り出してきた" と批判し、"4・3慰霊祭に大統領が参席することにしたにもかかわらず、一部右翼勢力の反発などにより踵を返し、憂慮した通り、総選挙が終わった途端4・3委員会廃止方針を明らかにした"、"済州地域の総選挙でハンナラ党の候補らが惨敗したことに対する報復のように、道民らに一方的な通報をするなど、李明博政権が果たして誰のための政権なのかは明らかである" と糾弾した。そして、李明博政権がついに4・3委員会の廃止方針を強硬するならば、我々は済州道民を始めとして、良心的な勢力と連帯し、最後まで4・3委員会廃止阻止のための闘争に立ち向かう" と述べた。

この日、ソウルでは '4・3平和記念館の開館中止' と '李明博大統領の慰霊祭参加中止' を要請していた国家正体性回復国民協議会(国正協)の創立総会および創立記念式があった。
大韓民国在郷軍人会、星友会、ニューライト全国連合、国民行動本部など、予備役および正統保守、ニューライト団体、学界、宗教界など、汎保守陣営95ヶ団体が連合し創立した国正協は、創立の辞で "大韓民国建国60周年を迎える今年を国家正統性確立の転換点と捉え、'左派政権10年の清算' を目標に、真正な国民和合と、正しい国家観・歴史観の定立に取りかかる" ということを明らかにした。
創立総会で初代議長に選出された在郷軍人会会長朴セジクさんは、済州4・3について言及し、"政府の〈済州4・3事件真相報告書〉では、武装暴動を主導した済州島人民委員会を '大衆の支持を受け、強力であったが、穏健であった' と評価し、鎮圧作戦に参加した軍・警は、良民虐殺者になった" とし、"親北・左派勢力が組織的に毀損させた国家正統性と正体性を回復するため、精進できるよう支援してください" と語った。

1948年、戊子年から2008年の戊子年へと、60年の歳月を渡って来た4・3は今、どこへ向かっているのか。
4・3はまだ、終わっていない。